JN311334

死生学入門

石丸昌彦

死生学入門（'14）
©2014　石丸昌彦

装丁・ブックデザイン：畑中　猛
s-33

まえがき

　生まれてきて，死んでいく。
　ただひとりの例外もなく，すべての人間に与えられた宿命である。すべての生命体に与えられた宿命というべきかもしれないが，これを自覚し意識化することはほぼ人間に限られているであろう。
　自身が命数を限られた存在であると知るとき，人は個人として，また集団として，さまざまなやり方でこの宿命に反応する。抗(あらが)うこと，諦(あきら)めること，あるいは否認すること，すべてが試みられる。克服しようとする者もあれば，受け容れようとする者もある。どのように工夫を凝らしても終わりの死は避けがたく，その時にあたって死にゆく者は生き続ける者の行く末を思い，遺された者は故人を偲(しの)び弔う。作品や事業の形で死後に生き続けようとする意志は，人の活動の大きな動因となってきた。死を意識しつつ生を紡ぐこれらの営みは，文化という人の活動のすべてではないとしても，重要な部分を占めているものと考えられる。
　このように「死を意識する者の生」という観点から人の文化を見るとき，そこに死生学が生まれる。死生学をそのように定義するならば，それは夥(おびただ)しく分化した学問領域の中でもすぐれて重要なものといえるだろう。そのような意義をもつ死生学が，幅広い教養への誘いをこととする放送大学の科目リストの中にこれまで存在しなかったことは，不思議といえば不思議であった。その背景には本書の第3章で述べたような，わが国の近現代における「死生観」の悲劇的な歴史が影を落としている。同じ章に記したように，穏やかな心と冷静な目をもって死生観について考え論じる準備は，21世紀の日本の社会にようやく整えられようとしている。

本科目はそのような時期にあたり，死生について考える人々の道しるべを提供しようとするものである。

　執筆者6名のうち，死生学を本来の専門とする者は山崎のみであり，自然な流れとして山崎が冒頭（第1章）と結び（第15章）を担当することとなった。これにはさまれて，医学領域3名（石丸，中山，高橋）と看護領域2名（井上，井出）の執筆者がそれぞれの観点から死生学を展開している。もとより死生学は万人に開かれた裾野の広い学問であるが，医療や看護の現場が常に死と隣り合わせであることや，近年の死生学の興隆がホスピス運動など医療・看護領域にリードされてきたことなどを考えれば，このような構成もひとつのやり方として許容されるものと考える。

　力量に富んだ執筆陣を与えられ，手応えのある内容に仕上がったと自負するが，初めての試みであるだけに至らぬところは多々あるものと思う。広く御叱正をいただき，将来の改訂に生かしていきたい。各章の記載が互いに無関係の羅列に終わらぬよう，全体の統一や相互参照に心がけたが，なお不十分な点があるとすれば，その責めはかかって主任講師の負うべきものである。

2013年10月　執筆者を代表して
石丸昌彦

目次

まえがき　石丸昌彦　3

1 死生学とは何か　｜山崎浩司　9
1．死生学への関心の高まり　9
2．死生学の概要　16

2 死生観と宗教　｜石丸昌彦　23
1．宗教・他界・死生観　23
2．諸宗教と死生観　27
3．現代の死生観と宗教　36

3 日本人の死生観　｜石丸昌彦　41
1．近代以前　41
2．明治から昭和まで　47
3．死生観の復権　55

4 喪と追悼：逝きし人〈死者〉と生者のつながり　｜中山健夫　61
1．Recollection：米国での経験から　61
2．逝きし人〈死者〉と生者のつながり　63
3．先行の論考から　64
4．葬儀と葬送　67
5．逝きし人〈死者〉とともに未来を作る　70
6．おわりに　73

| 5 | 死生観：国と地域の視点から
| 中山健夫　75

　　1．日本人の寿命と死因　75
　　2．国と地域の取り組み　79
　　3．災害と死・死生観　85

| 6 | マスメディアで死生について考える
| 山崎浩司　89

　　1．マスメディアと死生　89
　　2．マンガで死生について考える　94

| 7 | 「生と死」を生きる本人からの発信
| 中山健夫　109

　　1．医療における「エビデンス」と「ナラティブ」　109
　　2．闘病記をめぐって　111
　　3．インターネットでの語り・ナラティブ情報　116
　　4．「生と死」を生きる本人から　118
　　5．医療者教育における語り・ナラティブ　121

| 8 | 老いと死
| 井出　訓　124

　　1．老いを取り巻く近年の状況　124
　　2．サクセスフル・エイジング（Successful Aging）　129
　　3．老いと死への意識　132
　　4．老いと死を取り巻く課題　137

9 病い経験と「生」　　　　　　　　　井上洋士　142

1. 「病い」という経験　142
2. 「病い」へのネガティブな認知　146
3. ストレッサーの軽減とストレス関連成長　149
4. 病い経験でのポジティブな側面への着眼　152

10 遺族の喪失体験とグリーフワーク
　　　　　　　　　　　　　　　　　　井上洋士　159

1. 死別と悲嘆　159
2. 悲嘆のプロセスとグリーフワーク　160
3. 死別の状況により異なる悲嘆　165
4. 悲嘆からの回復を支えるとは　169

11 自己決定権　　　　　　　　　　　高橋祥友　175

1. はじめに　175
2. ヒポクラテスの誓い　176
3. 人体実験　177
4. ニュルンベルク綱領とヘルシンキ宣言　179
5. インフォームド・コンセント　182
6. インフォームド・コンセントに関する個人的な経験　185
7. まとめ　187

12 ターミナルケア　　　　　　　　　高橋祥友　189

1. はじめに　189
2. 死にゆく心理過程の5段階　190
3. 緩和ケアとは　193
4. 終末期医療にどこまでを望むか　197
5. 遺される人々の心理　202
6. まとめ　203

13 | 自殺予防　　　　　　　　　　　　｜ 高橋祥友　205

1．はじめに　205
2．自殺の現状　205
3．どのような人に自殺の危険が迫るのか　211
4．自殺の危険の高い人への対応　220
5．まとめ　221

14 | 尊厳死　　　　　　　　　　　　　｜ 高橋祥友　223

1．はじめに　223
2．安楽死に関するさまざまな用語　224
3．オランダの安楽死　225
4．うつ病者を対象としたオランダの安楽死事件　228
5．わが国の安楽死事例：山内事件と
　　名古屋高等裁判所の判決　231
6．筆者が安楽死に反対するいくつかの理由　232
7．まとめ　237

15 | 死生学の理論と展望　　　　　　　｜ 山崎浩司　239

1．共通言語としての理論　239
2．死生学で活かされている理論　240
3．死生学で活かしうる理論　245
4．日本の死生学の展望　251

索　引　255

1 死生学とは何か

山崎浩司

≪**目標&ポイント**≫　死生学は，近代社会の進展で複雑化した死生の問題に対応すべく生まれた新しい学問である。近代の法，行政，マスメディアの発展は，人の死を隅々まで把握し公にすることを可能にした。また，医療や葬祭業などの専門家は，死を自らの範疇(はんちゅう)に囲い込み，人々の日常生活から遠ざけた。加えて，都市化により血縁・地縁社会の解体が進み，同時に伝統社会の病いや死に応ずる集合的慣習が失われた。こうして死生の問題は，当人や近親者などの私的な範囲か，医療者などの専門家に頼ることで対処されることになった。さらに，死を囲い込んだ医療者は，近代医療の進展がもたらした新たな命の問題に自ら直面することになった。こうした死生をめぐる社会的状況が，死生学の登場と発展を促した。本章の後半では，死生学の展開，定義，射程について概観する。

≪**キーワード**≫　近代化の進展，公的な死と私的な死，死生観，終末期医療，死別悲嘆，デス・エデュケーション

1．死生学への関心の高まり

(1) 死の二面性

歴史上，人が死について関心をもたなかった時代はないだろう。生が必ず死によって終わるという事実は，人に生とは何か，死とは何かを考えさせ，その答えは宗教，慣習，文芸，学問，医療，マスメディア，ライフスタイルといった，さまざまな様式のうちに表されてきた。一個人として，そして社会や文化あるいは国家という集団のレベルで，私たち

人間はつねに死生の問題に否が応でも相対せざるを得なかった。このことは，人間が死を克服しない限り存在し続ける普遍的事実である。

　しかし同時に，人は死生の問題について年中考えさせられているわけではない。現代日本における日々の生活の中で，私たちはどれだけ死について思いをめぐらせているだろうか。医療者，葬祭業者，警察や消防，ニュース報道関係者など，仕事がら比較的多く人の死に立ち会わねばならない人々や，自分の生命を脅かす病いや障害に直面している人々は，置かれている状況から死を意識せざるを得ないかもしれない。だが，こうした状況にない多くの人々は，それこそニュース報道によって著名人の病死や事故・事件・災害による他者の死を知り，しばし人の死に思いを馳せることは日に何度かあるとしても，それは自分の日常を支える身近で大切な人の死についてでも，ましてや自分の死についてでもない。

　言いかえれば，死が切実な問題になるのは，それが自分自身や自分の身近で大切な人に降りかかってきた時である。フランスの哲学者ジャンケレヴィッチは，「死は人口統計学の問題であり，医学の問題であり，その意味ではこの世でもっとも陳腐な現象です。しかしまた同時に，死は個人的な悲劇でもあります。子供や妻や親を失った者にとって，死は類を絶した，ほかに比べることができない出来事です」（ジャンケレヴィッチ，シュワップ，1995，p. 13）と述べている。自分の直接的な日常から距離のある死一般（公的な死）と，自分の日常を突き崩してしまうような悲劇としての身近な死（私的な死）——死はこうした二面性をもった現象である。

（2）　公的な死の拡大と私的な死の先鋭化

　現代日本社会は，近代化を進展させる過程で公的な死の領域を拡大さ

せることになった。近代の法や行政制度が整備される前の社会では，人が亡くなったらその人が住んでいた村落共同体で葬送がとりおこなわれたのちに埋葬され，過去帳に名前が記載されるくらいで終わったであろう。つまり，死の公的範囲はせいぜい村落共同体内に限られた。しかし，近代法制のもとに戸籍法が制定され，役所への死亡届が義務化されて，その情報が国家により記録・管理されるようになり，死の公的範囲は大幅に拡大された。現在希望する誰もが「2012年の日本の推計死亡率は（人口千対）9.9である」（厚生労働省『人口動態統計』）といった情報を入手できるのは，国家による死の記録・管理が行き届いているからである。

　こうした形の公的な死の拡大には，医療や警察といった専門家および専門機関も大きくかかわっている。そもそも死亡届に必要な死亡診断書は，医師でないと発行できない。また，長年健康で医療機関にかからず過ごしてきた高齢者が自宅で亡くなった場合，村落社会が中心であった時代であればたとえば「大往生」とみなされ，地域の人々と葬送儀礼にとりかかるということになったかもしれないが，現代では「死因が明らかでない死亡（異状死）」とみなされ，警察および法医学による介入の可能性が発生する。そして，もし異状死とみなされた死に事件性や病死以外の可能性が認められることがあれば，それは「殺人事件」や「自殺」といったラベルが貼られ，記録・管理されるだけでなく，しばしばマスメディアによって広く報道されて，多くの人々の耳目に触れることになったりする。

　このように，法・行政・警察組織を含む国家，医療，マスメディアといった近代社会の産物は，死を公的なものとして把握し記録し管理して行くことを推し進めてきた側面をもつ。こうした公的な死の拡大のいっぽうで，私的な死の領域はますますその範囲を狭めて行き，その閉塞性

の中で個々人の死の体験は，一人ないしせいぜい家族などの少人数で対応せざるを得ないものとなり，当事者にとって非常に厳しく負担が大きいものとなっていった。それはいうなれば，「公的な死の拡大」に対して「私的な死の先鋭化」と呼びうる近代化進展の側面である。

　たとえば村落共同体では，大切な人を喪った悲しみは，「野辺送り」と呼ばれる隣人または村総出で死者を埋葬地まで列を作って送って行くといった集合的な儀礼の中で，様式的な型（あるいは慣習としての「技」）を枠組みとして表出されたり分かち合われたりする，といった形をとることが多かった。しかし，近代化の進展で都市化や核家族化が進み，血縁や地縁による共同体の解体と，それに伴う慣習的な葬送や服喪の様式の変容や衰退が起こった。そして，死別悲嘆は当人および周囲の人々（家族や友人）でなんとか対処し，社会全体として地方行政や国が支援を提供する責務を負うものではない，というのが現在の日本社会の基本的なスタンスとなっている。

　私的な死の先鋭化は，こうした伝統的共同体がもっていた死にまつわる集合的な慣習や技の喪失だけでなく，近代医療や市場経済の発展の中で職業として成立してきた葬祭業などによる，「死の囲い込み」と呼びうる現代の流れにも大きく後押しされてきた。血縁や地縁により近しい関係にある者が家や地域で亡くなって行くのが一般的であった時代，人の死や葬送は，日常的な人とのかかわりあいの中で展開し目撃されてきた。それはほとんどの老若男女にとって，人生において直接経験するあたりまえの出来事であった。

　しかし，日本人が死に臨む場所は，時代を経るにつれ住み慣れた家や地域を離れて病院へと移っていった。1950年代初頭には，8割以上の人が自宅で亡くなり，病院での死亡は1割以下であったが，1977年には病院死の数が在宅死の数を上回り，現在は約8割の人が病院で亡くなり，

自宅での死亡は1割強ほどである（厚生労働省『人口動態統計』，第5章参照）。人の死や死にゆく様は人々が日常生活を送る家や地域から遠ざけられ，医療の専門家や専門機関に囲い込まれることで，直接目撃したり経験したりする機会と時間が減っていった。葬送についても，自宅や親族・近隣者などの手を離れ，専門斎場やプロの葬祭業者の範疇でとりおこなわれることが主流となり，やはり人生において葬送を実際に経験したり目にしたりする機会や時間は減少した。

　囲い込みにより日常や人生から遠ざけられた死は，それが当人やその近親者に直接降りかかってきた時，非常に縁遠いものになってしまっているからこそ，大きな戸惑いや衝撃をもたらす。この意味で，現代日本のような近代化が進展した社会では，自分や自分の大切な人に降りかかる「私的な死」が，「先鋭化」という言葉が示すように，これまでにない形で鋭い痛みや激しい迷いを伴うものになってきたといえる。

　公的な死の拡大と私的な死の先鋭化がもたらした状況は，ジャンケレヴィッチ（1978）の用語を借りれば，「3人称の死」の拡大と，「2人称の死」および「1人称の死」の先鋭化と言いかえられる（第4章参照）。「3人称の死」とは，交換可能な他人の死，抽象的で無名な死一般であるがゆえに対象化できる死であり，私たちがニュースや調査結果などにより知ることが多いものである。いっぽう，「1人称の死」とは，私自身の死，一度しか起こらず起こったが最後その経験を語ることさえあり得ない対象化できない死であり，私たち一人ひとりにとっての苦悶の源泉である。そして，「2人称の死」とは，大切な人の死であり，私自身ではないが「ほとんど私の死」である。しかし，「1人称の死」と違ってその体験を生きることが一度ならずとも可能であり，この意味でその死は対象化ができるけれど「3人称の死」のように容易ではなく，やはり私たちにとって深い悲しみや苦しみの源泉となる。

（3） 死生学への期待

　死一般はマスメディアなどを介してどんどんありふれたものになるいっぽうで，私の死と大切な人の死は地域のつながりや伝統的な慣習ないし宗教儀礼から切り離され，さらに専門家による「囲い込み」で日常から遠ざけられて，降りかかってきた時の対処は他人である専門家に頼るか，当人や周囲の者たちによる私的な範囲と方法で行うことが当たり前とされる――近代化が進展して現れてきたこの新たな死をめぐる状況の中で，人々は戸惑い，悩み，答えを求め始めた。そして，こうした求めに応じ，死生をめぐる問題に何らかの指針を示してくれることを，死生学という学問は期待されている。

　具体的には，たとえば私的な死の先鋭化が顕著である死別悲嘆の問題について，死生学は問題の分析と状況改善の力があると考えられている。既に述べたように，大切な人との死別による悲しみや困難について，現代日本社会では私的に対処することが基本的に望まれる。ただし，社会問題として捉(とら)えられた自殺（自死）・大災害・大事故の遺族や遺児については，社会全体として支援体制を整備すべきものと位置づけられていて，しばしば「心のケア」の専門家が雇用されたり派遣されたりする。また，「遺族ケア」の名のもとに，医療現場でも少なからず死別者を支えようとの動きがある。つまり，死別悲嘆は私的に対処するのに加えて，ある程度は専門家が支援すべきであるとの見方がある。それと，西洋諸国では「グリーフ（悲嘆）・カウンセラー」と呼ばれる専門家による悲嘆ケアの実践があるが，それを日本に導入する動きも見られる。死別悲嘆を臨床専門家による「心のケア」という文脈で捉えるのがふさわしいのか，社会が全体として死別者支援の体制整備を担うべきなのか，あるいは現状どおり基本的に遺族個々人と近しい者で対処すべきものと考えてよいのかなどについて，死生学は議論を促進し，状況改善

につながる洞察を生みだして来ている（第10章参照）。

　ところで，死生をめぐる問題への答えを求めているのは，私的な死の先鋭化に苦しむ一般市民だけではない。死を囲い込むことになった専門家たちもそうであり，特に医療者は多くの問題に直面している。延命医療が発展し，人が以前よりも長生きできるようになった半面，その長生きのあり方がどれだけ人間的であるといえるのか，本人や近親者の希望に叶っているのかが問われるようになり，医療者として何をどのようにどこまですべきなのか，あるいはすべきでないのかといった指針が求められている。この問題は，いわゆる終末期医療や緩和医療と呼ばれる領域と密接に関連しているが，医療における命をめぐる問題は人の一生の終わりだけに限定されるものではない。妊娠を人工的に実現しようとする不妊治療，妊婦の出生前診断，そして妊娠の中絶に関して，何をすることが，どこまですることが適切であるのかといった命の始まりをめぐる議論についても，多くの医療者が現場で答えを模索している。また，2012年のノーベル医学・生理学賞を山中伸弥京都大学教授が受賞したことで注目されるiPS細胞は，再生医療の発展に大きく寄与するといわれるが，ここでもどこまで何をどのようにしてよいのかという問いがつきまとう。つまり現代医療では，これまで直面することのなかった人の命をさまざまに左右する展開があり，そこには人の命との向き合い方や，命の操作の限度（線引き）や方法に関する議論が起きている。これは医療倫理，生命倫理，臨床倫理などと総称される問題群だが，死生学はこれらについても有効な方向性を示すことを医療者（そして社会一般）から期待されている。

　人々の死生学への期待には，研究の進展と成果公表だけでなく，教育の設計と実施も含まれている。先述のように，仕事がら死にしばしば直面したり，自分か近親者の死が老いや病いにより現実的に視野に入って

きたりしない限り，人々にとって死は日常生活や実体験から縁遠いものになっている。特に現代の多くの子どもにとって，死はゲームやマンガやテレビ番組で頻繁に目撃するものの，現実生活の中で目の当たりにすることは少ないだろう。言いかえれば，数限りない「3人称の死」にさらされていながら，「2人称の死」に直面したり「1人称の死」を強烈に意識したりする経験は恐らくあまりない。また，仮に大切な人やペットを喪うような経験をしていたとしても，それを語る言葉を知らなかったり，表現することを周りが許さなかったりすることが少なくないと思われる。こうした子どもたちに，死について学び，感じ，考える機会や枠組みを提供するのも死生学の仕事であるとみなされている。それは英語では「デス・エデュケーション death education」と呼ばれ，日本では「死の準備教育」，「いのちの教育」，「生と死の教育」などと訳される。

　デス・エデュケーションは，もともと子どもや死を扱う現場で働くことになる者（医療系の学生や葬祭業者を目指す者など）に対する教育を目的に米欧で発展した。しかし，昨今の日本では私的な死の先鋭化に悩まされる高齢者や死別者が増大にするにつれ，彼らのニーズに応えるべく，一般成人を対象にしたデス・エデュケーションが，市民向け生涯教育を枠組とする公開講座などの形で，むしろ数多く開講されるに至っている。

2. 死生学の概要

(1) 「死生学」という名称

　ところで，日本ではなぜ「死学」や「生死学」ではなく，「死生学」と呼ぶのだろうか。この学問の体系化が日本に先行して進んだ英米では，それを「デス・スタディーズ death studies」や「サナトロジー thanatology」と呼ぶが，その直訳は「死学」ないし「死の研究」である。さらに，漢字文化圏である中国，台湾，韓国でも，「死学」や「生死（哲）学」などの名称が一般的であり，「死生学」とは呼ぶことは少ない。また，日本語の日常会話でも「死生」の語が使われることは少なく，「死」や「生死」のほうが表現として一般的である。では，なぜ「死生学」なのか。

　諸説考えられるが，日本では「死生観」の語が比較的以前からあり，それが知識人層を中心に社会に定着して行く流れの中で，死をメインテーマとする学問の誕生を名づける必要が生じ，だんだんと「死生学」という名称に定まっていったのではないかと考えられる。近代日本の歴史において，人々が自らの死生観を大々的に問うた歴史的状況が三度あった（島薗・竹内，2008）。第1期は19世紀末から20世紀初頭で，加藤咄堂という仏教学者が『死生観』と題した書物を著した時期であり，西洋文明との接触で，日本や東アジアの文化圏にはない未知なる生き様や死に様と出会い，古今東西の死生観が比較されるに至った（第3章参照）。第2期は第二次世界大戦中であり，この時は若者たちが死地に赴くのを覚悟させるうえで，死生観は「死にがい付与システム」（井上，1975）の一部として大いに動員された。そして，第3期は1970年代後半から現在までで，既知のように病院死の増加，医療技術の革新，死の日常からの引き離し，葬祭や既成宗教の形骸化と「スピリチュアリティ」運動の勃興などを背景に，死生観が問いなおされてきた。この死生観ブーム第3期の1970年代後半から80年代前半あたりで，「死生学」という名称が確立していったと考えられる。

　「死生学」が「死生観」をすぐに連想させる背景もあってか，日本の死生学は欧米のデス・スタディーズに比べて，個々人が自らの死生観を考究するための学問である，とのイメージが濃いように思われる。学問

分野としての死生学の射程は，本コースで追々明らかになって行くように，けっしてそのように限定されたものではない。死生の問題にかかわる人々にとって，それは自分たちで対処すべき私的問題であるとの意識は切実なものであろうが，そもそも問題を「私的」な単位で自分たちが捉えている背景に思いを馳せると，そこには「社会」や「文化」といった集団の力学が介在している可能性が高い。このように死生学は，個人の哲学的考察の機会にとどまらず，死生にまつわる多様な問題を幅広く検討する機会を提供するものである。

（２）　死生学の定義

　さて，死生学の端的な定義として，次のようなものが考えられる――死生学とは，死にまつわる現象に照準し，その考察や解明を通して生を捉えなおす学問であり，実践的，学際的，実存的な特徴をもつ。

　この定義において第一に確認すべきは，生にまつわる現象に注目した過程や結果として間接的に死に注目するのではなく，まずもって死にまつわる現象に注目する点であり，生はあくまでも死への照準から逆照射的に捉えられる。生への照準から死を捉えるのであれば，これまでも哲学，倫理学，社会学，心理学，医学などの学問が幾度となく行って来ており，死生学という新しい学問分野の誕生を待つまでもない。第二に確認すべきは，死のみに照準し考究するのではなく，死と生を密接に関連しあった対とみなしている点である。そして両者を同じ比重で重視し，現代社会における私的な死の囲い込みとその裏腹である生への過剰な価値づけを問い直す，といった側面も死生学はもちあわせている。以上のように日本におけるこの学問の特性を明確に意識するうえでも，やはりその名称は「生死学」や「死学」ではなく「死生学」であるべきだろう。

　死生学が実践的な特徴をもっていることは，第１節で述べたように，

そもそもこの学問が，近代化が進展した社会において，人々の死生が複雑化し問題化したことへの対応を期待されて成立してきた背景から，容易に理解できよう。また，多様な死生の問題に対応するには，既存の学問分野が個別に展開していた研究や教育を，各問題に合った形で適宜統合的に応用する必要があるため，死生学は必然的に学際的な特徴をもたざるを得ない。そして，特に私的な死の先鋭化にまつわる問題に取り組もうとする時，死生学は実存的な特徴をもちあわせていなければ立ち行かないことは明らかである。なぜなら，その問題の渦中にある人々は，往々にしてそれぞれが主体的人間としての自分のあり方（つまり実存）を問い直されていることが多く，彼らが求めているのは他者が示す実存のあり方を参考に，自らの実存を構築ないし再構築することだからである。したがって，死生にまつわる問題を客観的に切り離して捉えるのではなく，自らの立ち位置や観点を深く内省して自覚しながら，特定の視座から直接または間接にその問題にかかわって行くことが，死生学の徒には求められる。

（3） 臨床死生学

　日本の死生学分野の主要な学会に，日本死の臨床研究会（1977年発足，名称は「研究会」だが実質的には学会）と日本臨床死生学会（1995年発足）がある。両者とも名称に「臨床」が含まれているが，ほかに「日本死生学会」と呼ばれる学会があるわけではない。このことは，日本の死生学が主に臨床医療にかかわる者たちによって，牽引されてきたことを物語っている。たしかに，いのちの終わりの問題にしろ始まりの問題にしろ，現代日本では終末期医療，緩和ケア，遺族ケア，生殖医療，周産期医療というように，「臨床」にまつわる問題として扱われやすい。こうしたことから，「死生学」とはつまり「臨床死生学」のことだとい

えなくもない。さらに，「臨床」を「医療や教育だけでなく，社会における人間の営み全体を含める」（河野・平山，2000，p. 2）と定義すれば，死生学と臨床死生学を区別することはますます難しくなる。

しかし，死生学には，「基礎死生学」（文学，宗教学，歴史学，社会学などの人文社会科学的な知見をもとに，死生観や死と向き合う技を考察する死生学）というべきものもあるため（島薗・竹内，2008），すべてを「臨床死生学」で括るわけにはいかない。また，「臨床」のもともとの意味は床に臥す病者に臨んで診療することであり，その英語であるclinicalという語はギリシア語のkline（ベッド）に由来することから，「臨床死生学」を保健・医療・福祉など健康と病いや障害に関する死生の問題を扱う死生学に限定することは，適切といえる。

この限定で臨床死生学を定義すれば，それは治療を含むケアのプロセスで，特にケアする側が自分・相手・社会が死生をどう捉えているかを深く理解するのを，知的にサポートして有効な実践知を育む学問である（清水・島薗，2010），ということになろう。臨床死生学では，関連諸分野から知見や洞察を集約して有効なかたちに統合したうえで臨床現場に還元すると同時に，そこで起きる臨床上の出来事や日々育まれる臨床の知を吸収し理解する，といった循環運動が重要である。言いかえれば，臨床死生学には，死生学という広範な知見のアリーナから臨床現場に適切なものを提供するだけでなく，臨床現場を学び，臨床現場から生まれる叡智を受けとって，それをより多くの人々にとって共有可能なものにするという責務がある。

（4） 死生学の射程

これまでの説明から，死生学がおおよそどのようなテーマを扱うのか想像できたと思われるが，ここであらためて整理しておこう。西洋のデ

ス・スタディーズにおいて伝統的な3大テーマは，①終末期医療を中心とした死生のケアや倫理などの臨床医療的問題，②死別悲嘆のケアや支援の問題，③デス・エデュケーションにまつわる問題である。日本の死生学でもこれらは主要なテーマである。これらに加えて，④自殺（自死）の予防や遺族ケアの問題，⑤他界観や儀礼の考察を含む宗教やスピリチュアリティの問題，⑥死別悲嘆や宗教の問題とも密接に関連する葬儀・埋葬の問題，⑦災害・事故・戦争・テロリズム・殺人・死刑など人間に降りかかる致死的な暴力の問題，そして⑧公的な死の拡大に大きくかかわっている死生をめぐるマスメディアの問題も，しばしば死生学で取り上げられる。

　老いの問題についてはどうであろうか。日本は現在世界に類を見ない超高齢社会（2010年の高齢化率23.1％）であり，必然的に老いと人生の終焉を少なからず意識しながら生きている多くの高齢者がいる。この現象を反映するかのように，老いの問題を専門的に扱う学問である老年学 gerontology が日本でも台頭してきた。ただし，特に死を視野に入れた老いの問題について，死生学はその実践的かつ学際的スタンスから，老年学と重なりあいつつ考究して行くことについて何のためらいもない。本コースでも「老いと死」がテーマとして取り上げられている所以である。

**学習の
ヒント**

1. 死生学に対して自分がどんなイメージと期待をもっているのか考えてみよう。
2. 「1人称の死」，「2人称の死」，「3人称の死」という考え方を復習し，それぞれについて自分がどんな考えや姿勢をもっているか，ふりかえってみよう。

3．死生学が扱ってきたさまざまなテーマを確認し，自分はどのテーマについて，どんなことを知りたいか，明らかにしたいかについて，具体的に検討してみよう。

参考文献

井上俊『死にがいの喪失』（岩波書店　1975）
河野友信・平山正実編『臨床死生学事典』（日本評論社　2000）
島薗進・竹内整一編『死生学［1］——死生学とは何か』（東京大学出版会　2008）
清水哲郎・島薗進編『ケア従事者のための死生学』（ヌーヴェルヒロカワ　2010）
ジャンケレヴィッチ，V.（仲澤紀雄訳）『死』（みすず書房　1978）
ジャンケレヴィッチ，V., シュワップ，F.（原章二訳）『死とはなにか』（青弓社　1995）
平山正実編『死別の悲しみを学ぶ（臨床死生学研究叢書3）』（聖学院大学出版会　2012）

2 | 死生観と宗教

石丸昌彦

≪目標＆ポイント≫ 死生観に関する人々の問いに答えることは，宗教の重要な役割である。宗教の発信するメッセージが人々の死生観を支えるいっぽう，宗教の側でも他界を求める人々の心の求めに応じて教義を発展させてきた。今日の世界では，宗教に対する人々の態度には地域や文化によってかなりの開きがあるが，死生観に対するその影響は依然として大きい。また生命倫理に関する諸問題が浮上するにつれ，あらためて宗教の意義が問われるようになっている。本章では死生観と宗教のこのようなかかわりについて考察する。
≪キーワード≫ 宗教，他界，キリスト教，仏教，神道，生命倫理

1. 宗教・他界・死生観

（1） 宗教と死生観

　宗教を定義するのは簡単なことではなく，それだけでひとつの学問分野が成立するほどであるが，ここでは詳細に立ち入る必要はない。国語辞典が示す以下のような標準的な定義でさしあたり十分であろう。

①神仏などを信じて安らぎを得ようとする心の働き。また，神仏の教え。
②経験的・合理的に理解し制御することのできないような現象や存在に対し，積極的な意味と価値を与えようとする信念・行動・制度の体

系。

（『大辞林・第三版』三省堂）

　「経験的・合理的に理解し制御することのできないような現象や存在」にはさまざまなものが考えられるが，中でも「人は必ず死ぬものである」という厳粛な事実は，人間にとってもっとも重く悩ましいテーマであっただろう。

　「人はなぜ死ななければならないのか」「最後は死で終わる人生の中で，人は何をめざして何のために生きるのか」といった根本的な問いは，人間が自己意識をもつようになって以来，あらゆる時にあらゆる場所で問われ続けてきた。知識の蓄積と科学技術の進歩は，経験的・合理的な理解・制御の射程を格段に広げてきたが，「死」をめぐる問いの前に無力であることは，現代人も先史時代人もほとんど変わりがないものと思われる。

　宗教はこうした問いに答えを与え，人々の不安を鎮めることで大きな役割を果たしてきた。説得力のある死生観を提示することは，宗教にとって不可欠の使命であった。しかしそれは人々に安心と慰めを与えるいっぽう，時として荒唐無稽な偽りの答えによって人々を惑わすものと批判されたり，現実の社会問題から目を逸らさせる「アヘン」（K. マルクス）として指弾されたりすることにもなった。現実の宗教組織が政治的・経済的な影響力を獲得するにつれ，本来の死生観や信念と矛盾する行動をとることも多かった。

　今日の世界を見わたすと，先進地域の多くの国々で宗教離れの傾向が指摘されるいっぽう，イスラム圏などでは昔ながらの宗教的熱情をもち続けこれに従って行動する人々が多数あり，宗教をめぐる事情は地域と文化によってさまざまである。しかしどの地域においても，人々の死生

観に対して宗教が与えてきた影響はきわめて大きなものであったし，今日でも宗教の影響を考慮せずに死生観を語ることは不可能に近い。

　宗教と無縁の生活を送っているように見える現代人も，意識しないところでそうした影響にさらされているものである。自分自身を取り巻くさまざまな宗教の影響を見直してみることは，死生観について考えていくためのよい糸口になるものと思われる。

（2）　他界イメージと死生観

　死生観について考えるもうひとつの糸口として，「他界」を挙げておきたい。

　「他界」という言葉の用法は，今日の日常語では「他界する」という動詞に限定され，もっぱら「死ぬ」ことの婉曲表現として用いられている。なるほど他界とは，人が死んだ後にその魂が行くとされる場所のことであり，亡くなった人々とりわけ祖先が住まうとされた場所であった。そこへ移ることが「他界する」ことだったのである。

　けれども他界の内容はこれに尽きるものではなく，人間の日常生活の彼方あるいは裏側に存在し，目に見える現実を補完する理想郷や楽園としてイメージされることが多かった。たとえば，沖縄県から鹿児島県南部の奄美地方にかけて伝わるニライカナイは，他界のひとつの典型とされる。ニライカナイは東方の海の彼方にあり，神々の住む楽園である。年初にニライカナイから神々がやって来て豊穣をもたらし，年末にはまたそこへ帰って行く。人の魂もまた誕生時にニライカナイからやって来て，死後はニライカナイへ帰る。そして7代経つと親族の守護神に変わるとされた。ニライカナイはこのように人の魂が生まれる場所であり，祖霊神に生まれ変わる場所でもあった。

　ニライカナイ信仰は，国内のほかの地域に見られる常世（とこよ）の

国信仰に酷似している。常世の国については「古事記」「日本書紀」「万葉集」などに記載があり，古代の日本人の精神生活の中で確かな存在感をもっていたことがうかがわれる。同様の他界イメージは世界各地の文化圏に広く認められる。ギリシア神話のオリュンポスや北欧神話のヴァルハラは神々の住まう天上の他界であり，英雄たちはしばしば死後そこに迎えられた。同じギリシア神話の地下の冥府（死者の国）も他界である。キリスト教化される以前の西ヨーロッパに広く分布したケルト文化も豊かな他界のイメージをもち，他界への旅の物語を今日まで伝えている。

　このように民俗文化において広く認められる他界の存在は，「死んだ後，人はどこへ行くのか」という素朴な疑問に対する素直な答えであったと考えられる。死者の姿は見えなくなっても他界にちゃんと存在しており，時には現世に帰還したり生きている人間と交流したりできるという考えは，人々に慰めを与え，時には恐怖をもたらしたであろう。他界はまた，「自分はどこから来て，どこへ行くのか」という問いへの答えでもあった。わが国の中世に行われたという補陀落渡海（ふだらくとかい）などはこのような死生観に立ち，他界に理想郷を求め，死を待つことなく自らそこへ渡っていこうとする試みであった。

　宇宙の果てまでも科学的に探査できる現代において，合理主義的世界観を身につけたわれわれが他界の存在を素朴に受け入れることは難しい。それでもなお，このような他界のイメージや他界への郷愁は，多くの人の心の中に深く存在しているのではないだろうか。自分自身の他界イメージをふりかえってみることもまた，死生観を考えるうえで意味のある作業であろう。

　多くの宗教が説く「天国（極楽）」や「地獄」はこのような他界の一種であり，他界を求める人々の願いに応じてイメージが形成されてきた

ものと考えられる。この点を含め，代表的な宗教の死生観について次に見ていくことにしよう。

2. 諸宗教と死生観

（1） キリスト教と死生観

　キリスト教はもともとユダヤ教の刷新運動として始まった。預言者イエスは紀元30年頃に十字架で刑死したが，実は救い主（キリスト）であり復活して弟子たちに顕現したとの信仰が，地中海世界に急速に広まって世界宗教となった。西方キリスト教（カトリックやプロテスタント），東方キリスト教（いわゆる正教）を含めた信徒数は全世界で約23億人に達し，世界最大の宗教となっている。

表2-1　世界の主な宗教の人口（2010）

宗　　　教	人口（億人）
キリスト教	22.8
イスラム教	15.5
ヒンドゥー教	9.4
仏　　　教	4.6

〔出典：世界国勢国会（2012／13年版）（矢野恒太記念会）〕

　イスラム教はユダヤ教・キリスト教の流れのうえに，預言者ムハンマド（マホメット）の宣教によって7世紀前半に成立したもので，中東からアフリカ・アジア地域を中心に広まった。ムスリムと呼ばれるその信徒数は16億人近くにのぼり，なお増加しつつある。

　これら3つの宗教（ユダヤ・キリスト・イスラム教）は歴史的な連続性をもつうえ，典型的な一神教としてほかの諸宗教と異なった性質を共有している。ここではわが国の文化にも強い影響を与えてきたキリスト教について，その死生観の概略を見てみよう。

　キリスト教の伝統的な教義において，人の死はその原罪の結果であるとされる。神に創造された男女一対の人間（アダムとエヴァ）は死も苦

しみもない楽園に住んでいたが，神の戒めを破り，楽園の中央にある樹から命の実（知恵の実）をとって食べたため楽園を追放される。この時，労働や産みの苦しみとともに死が始まった。神に背いたことが原因となって神とともにある永遠の命から離れ，死すべき人間の運命に入ったのである。

いっぽうでキリスト教は，死を克服する希望も伝えている。使徒パウロによればキリストが再び来る「再臨」の時，キリストに属する者はキリスト同様に復活して新たな霊の体を与えられ，永遠の命に入る。「永遠」とは時間的な永続性のことではなく，罪によって損なわれた創造主との一体性の回復であるという。いずれにせよキリスト教信仰において死は罪の結果であり，キリストによる罪の赦しは必然的に復活の希望につながる。そこに多くの信徒は死を超える希望を見てきた。わが国ではキリストの誕生を祝うクリスマス（降誕節）がよく知られているが，キリスト教圏ではこれと並んでキリストの復活を記念するイースター（復活節）が今日でも盛大に祝われている。

死後の世界についての描写は聖書の中には意外に少なく，具体性にも乏しい。ダンテの『神曲』やミケランジェロの『最後の審判』でよく知られた天国・地獄・煉獄のイメージは，むしろその後のキリスト教会の歴史の中で次第に形成されていったものである（図2-1）。前述のように，他界を求める人々の心理がそこに働いているのであろう。

人々は死後，天国に入れることを願ってこの世の生活を整えた。キリスト教本来の考え方によれば，「善いことをたくさんすれば天国に入れる」（行為義認）わけではなく，「ただキリストを信じる信仰によってのみ救われる」（信仰義認）のであるが，この筋目は現実にはしばしば曖昧になり，そのことがルターらによる宗教改革の一因ともなった。

キリスト教の死生観のひとつの特徴は，後述の仏教と違って輪廻転

生を認めないことである。歴史には初め（創造）と終わり（再臨と審判）が明確に存在し，歴史も人生もただ一回のものである。したがって前世の因縁といった思想や，来世のために善を積むという考え方は，本来は生じる余地がなく，一回だけの人生において救いを得られるかどうかが問題とされた。

キリスト教の死生観のいまひとつの特徴として，命はもっぱら神によって与えられる

図2-1 『最後の審判』
（ミケランジェロ，ヴァティカン：システィーナ礼拝堂）ⒸWPS

ものであり，人は人の命を自由にできないとの認識が挙げられる。旧約聖書に記された十戒の中に「汝，殺すなかれ」とあるのもその表れであるが，生命を奪うことばかりでなく，人の誕生や死のプロセスに人為的な介入を行うこと全般に対し，神の領域を侵すこととしてキリスト教会は慎重な姿勢をとってきた。

死を罪の結果と捉えその克服を教義の中心に据えることや，命は神の賜物であって人はこれを自由にできないといった考え方は，日本人には違和感をもたらす面もあるだろうが，ホスピスケアのように死と正面から取り組むことを余儀なくされる現場では，大きな力を発揮してきた。また，生命倫理に関してさまざまな問題が提起される中で，今日あらためて注目される機会が増えている。

（2） 仏教と死生観

　仏教はバラモン教の伝統を背景として，紀元前6世紀頃に北インドで成立した。開祖である釈迦（ゴータマ・シッダールタ）は四苦（生・老・病・死）などの苦難に満ちた人の生の現実に目を向け，そこから解脱する道を追求してこれを説いた。

　インドでは仏教以前から輪廻転生の思想があって，命あるものは死後もなんらかの別の存在に生まれ変わり，際限なく転生を繰り返すと考えられていた。人はこのような輪廻の中に囚われている限り，どこまでも不自由な束縛された存在であり続ける。輪廻は再生の希望を与えるものではなく，むしろ苦痛の反復をもたらすものと考えられた。

　仏教は，そのような輪廻の世界から抜け出して（解脱），2度と生まれ変わることのない安らかな境地（涅槃）に到達することを究極の目標とした。そして，そのためには諸行無常（あらゆるものはうつりかわる）・諸法無我（いっさいのものごとは不変の個性や実体をもたない）という世界の根本法則を正しく理解し，我欲や執着（煩悩）を捨て去って悟りを開くことが肝要であると説いた。また，ものごとにはかならず原因と結果があり，行為・行動はすべてそれに応じた結果を生むとする因果応報の考え方（因果論）を基本に据え，これに基づいて善行を積むよう勧めたが，これはしばしば「親の因果が子に報いる」といった宿命論と誤解されることが少なくなかった。いずれにせよ，キリスト教がイエス・キリストとの人格的つながりに救いを求めるのに対し，仏教は真理を覚知して悟りを開くことの重要性を説くところに大きな特徴がある。

　それでは仏教は，死についてどのように教えるのだろうか。諸法無我の教説によれば，個人の自己意識や現世の命もまた実体のないものである。火が消えれば火は存在しなくなるのと同様，人が死ねばその存在もなくなるであろう。それが死なのである。このように，仏教本来の教え

には魂と肉体といった二元論はなく，肉体の終わりが精神の終わりでもあった。ただし，死は最終地点ではなくて輪廻転生の次のステップへの通過地点に過ぎず，生死の苦しみは来世でまた繰り返されることになる。そして，このような生命の実相をありのままに受け入れ，生死への執着を捨て去って解脱することが，苦悩から解放される道であるとされる。キリスト教が死を実体的に捉え，復活によるその克服を説いたのとは対照的といえよう。

とはいえ仏教はキリスト教以上に長い歴史をもち，インドから中国を経てわが国に伝来する間にさまざまな発展と変遷を遂げてきた。伝来の後もわが国で固有の成長を遂げて多くの宗派を産み出しており，その所説をひとまとめに論じることはきわめて難しい。ここでは，釈迦本来の教えや諸宗派間の異同はひとまず置き，仏教が総体として日本人の精神生活に与えた影響を，死生観との関連の深いことがらに絞って見てみよう。

まず，火葬の習慣が挙げられる。わが国において火葬が普及したのは8世紀頃であり，6世紀に伝来した仏教の影響があったものと見られる。死者が肉体への未練を去って，立ち上る煙とともに速やかに成仏(じょうぶつ)できるよう計らうのが，仏教における火葬の意義であるという。世界的に見れば火葬を勧める宗教は少数派であり，儒教のようにこれを明瞭に禁止する例もあるほか，キリスト教圏でも遺体を傷つけるものとして忌避される傾向が強かった。その中で日本人が多年にわたって火葬を行ってきたことは，仏教の影響によるところが大であろう。日本人はこの習慣を通して，命のはかなさや人生の無常を繰り返し学んできたとも考えられる。

暦の中で「盆（お盆）」を大事にする習慣も，仏教と関連するものである。盆は旧暦7月15日前後に先祖の供養を行うものであり，仏教以外

の要素を多く含んでいるものの,仏教の盂蘭盆会（うらぼんえ）と結びついて定着してきた。盂蘭盆会はサンスクリット語のullambanaの音訳とされ,「倒懸（さかさにかかる）」の意味があるという。成仏できず,逆立ちの状態で宙吊りになったような苦しい状態にある祖霊を,慰めて供養するのが原義である。迎え火とともに祖霊を迎え,送り火とともに送り出す盆の風習は,この季節に帰省する習慣とあわせ日本人の生活に深く定着してきた。

輪廻転生の思想は前述のように仏教固有のものではないが,仏教とともに伝わって広く普及し「生まれかわり」の考え方を助長してきた。仏教の経典の中には釈迦の前世における物語（いわゆる「ジャータカ」）がおさめられている。釈迦の前世の姿である薩埵王子（さったおうじ）が飢えた虎の親子を救うため,身を投げて虎に与えたという捨身飼虎の

（右）玉虫厨子の全体写真。
（左）玉虫厨子の部分写真。右側の下部に捨身飼虎図が描かれている。

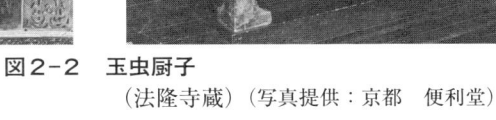

図2-2　玉虫厨子
（法隆寺蔵）（写真提供：京都　便利堂）

物語はよく知られた例であり，7世紀に制作されたとされる玉虫厨子（**図2-2**）にもその場面が描かれている。輪廻転生とあわせ，前の世の行いの善し悪しが次の世の幸不幸を決定するという因果応報の思想も，同様に日本人の精神生活に強い影響を与えた。

図2-3　極楽地獄図部分・焦熱地獄
（長岳寺蔵）（写真提供：長岳寺）

　仏教はまた，地獄・極楽のイメージを人々に与えるうえでも大きな役割を果たしてきた（**図2-3**）。ことに，悪行の報いとして課せられる地獄の責め苦の恐ろしさは，人々の道徳心を律する根拠でもあっただろう。こうした死後の世界のイメージが，開祖である釈迦の教えよりも，その後の仏教の発展興隆の中で強調されてきたことは，キリスト教の場合と類似している。

　わが国の仏教は神道とすりあわされ，神仏習合の形で人々の生活の中に定着してきたことも特筆に値する（第3章参照）。

（3）　神道と死生観

　神道を宗教として意識することは，私たち日本人にとってやや違和感のあることかもしれない。しかし，本章の冒頭に述べたような定義に照らすならば，それはやはり宗教のひとつとして扱うべきものである。

　神道は，キリスト教や仏教などのようにカリスマ的な開祖（教祖）によって開かれたもの（創唱宗教）ではなく，古来の民俗や文化の中で徐々に発生してきたもの（自然宗教）であり，したがって聖書や仏典のよう

な明確な教義や教典をもたない。むしろそれは新年の初詣(はつもうで)に見られるように，文化や習慣の中に浸透して日本人の生活の一部となっており，このためことさら宗教と意識することが難しいのであろう。

　神道という言葉は「「惟神の道（かんながらのみち）」に由来し，「神々とともにある」との意味であるという。祖霊や死者，自然物（山，巨石，巨木など）や自然現象（嵐，雷など）が神々とされるほか，衣食住や生業，国土開拓など生活のあらゆる方面にわたって，八百万（やおよろず）と呼ばれる無数の神々が存在する。キリスト教・イスラム教などの一神教とは対照的な多神教であり，森羅万象のすべてに神が宿るとするアニミズム的な世界観がそこに見てとれる。

　季節の祭礼や新嘗（にいなめ）祭などは，このような神々に対する豊穣祈願や収穫感謝の意味をもち，同時に地縁・血縁で結ばれた地域共同体の統合の絆としても機能してきた。全国で80,000社を超える大小の神社や，それを囲んで設けられた鎮守の杜(もり)はそのような絆の象徴であったが，鎮守の杜は防災や生態系保護の観点からあらためて注目されている。

　神道において，人の死と生はどのように位置づけられていただろうか。上述の通り神道にはそれを体系的に説く教典は存在しない。けれども神道的なものの考え方は，さまざまな古典の中に読みとることができる。そのような古典の最初のものである『古事記』について，その世界観と死生観を見てみよう。

　『古事記』のひとつの特徴は，自然発生的な世界観をとっていることである。創造神の意志と計画によって全宇宙が「創(つく)られた」とする聖書とは対照的に，『古事記』では神々自身が自然発生的に「成った」とされる。そして夫婦神である伊邪那岐命（イザナギノミコト）と伊邪那美命（イザナミノミコト）の交合によって，数多くの神々が文字通り続々

と産み出されていくのである。

　そのような「国生み」の営みのさなか，イザナミは火の神を産む際に大やけどを負って死んでしまう。これを嘆いたイザナギは黄泉の国までイザナミを追って呼び戻そうとするが，黄泉の闇の中でイザナミの言葉に背いて灯りをともしたとき，そこに見たのは腐乱して無残に変わり果てたイザナミの骸（むくろ）であった。イザナギは恐怖に駆られて逃げ出し，憤怒に燃えて追ってくるイザナミと黄泉の軍勢をあやうくかわすと，黄泉比良坂（よもつひらさか）に巨大な岩を置いてイザナミを黄泉の国に封印してしまう。

　イザナミが岩戸越しに「地上のあなたの国の民の命を毎日千人ずつ奪ってみせる」と呪いの言葉を投げかけるのに対して，イザナギは「地上のわたしの国では毎日千五百人が産まれるであろう」と言い返すのであった。

　このくだりを読むとき，人の生と死についての『古事記』の見方が浮かびあがってくる。

　まず，死に対して「罪に対する報い」といった意味づけは行われず，ひとつの自然現象（ここでは出産という営みにつきものの災難）として理解されている。また，死は黄泉の国という「他界」への移動とイメージされていることもうかがわれる。

　さらに特徴的なのは，イザナミの骸に関する凄絶な描写である。このことは，神道において死が「穢（けが）れ」として忌まれることを想起させる。神道は一般に清潔を重んじて穢れを嫌う傾向が強く，穢れを清める「禊（みそ）ぎ」の習慣はその表れであるが，死もまたひとつの穢れなのである。会葬から帰宅して家に入る前に塩で身を清める習慣や，このための塩を会葬者に配ることなどは現在でも行われる。また身内に不幸があった後，49日間は聖域である神社への参拝を控える習慣なども

知られている（49日間という日数は，仏教的な法事の暦の影響であろう）。イザナミの骸に関する『古事記』の描写は，死を穢れとするこのような考え方を象徴的に表すものといえよう。

さらに，黄泉比良坂におけるイザナミとイザナギの離別のやりとりは，生と死の起こりに関する神話的説明であると同時に，死の力に勝る現世の生命力の賛歌でもあるだろう。死そのものを克服する道はないが，死に勝る勢いで生を充実させることによって地上の国は繁栄していくのである。

このように，『古事記』に見られる生と死の捉え方は一貫して自然発生的なものであり，これに素直に身をまかせるのが人の道であることを示唆している。それはすがすがしい潔さを感じさせるものであるが，死と対決しこれを克服するといった姿勢にはつながりにくい。このような神道の考え方は，生への執着を捨てて諸行無常の現実を受け容れることを説く仏教と比較的折り合いがよく，それが神仏習合を可能にした一因であると考えられる。

3．現代の死生観と宗教

（1） 宗教と世俗的ヒューマニズム

以上に見てきた通り，宗教の教えの中には生死についてのさまざまな考え方が表現されている。宗教に帰依する者もそうでない者も，宗教が発信するこのようなメッセージに多かれ少なかれ影響されながら，自分自身の死生観を形づくってきた。「日本人は無宗教である」とよくいわれるが，これは「特定の宗教に自覚的にかかわる人が少ない」というほどの意味であり，宗教のさまざまな影響の中で生活してきたことはほかの国々と変わりがない。

先にも述べたように，人々の宗教に対する態度は地域や文化圏によってかなり違いがあるが（表2-2），先進国などでは過去の時代に比べて宗教離れの傾向が認められ，神の存在や死後の世界そのものに懐疑的な人々も増えている。このような立場を表すのに，最近は「無神論者 atheist」という否定的な響きを避け，「世俗的ヒューマニスト secular humanist」という言葉が使われることがある。生と死の問題をはじめとする人生の重要課題に対して，宗教に捉われない自由な立場から取り組もうとする姿勢を表したものである。

こうした動きを端的に示す例として，葬儀のあり方の変化が挙げられる。人生の締めくくりともいえる葬儀（第4章参照）は，従来は何らかの宗教の形式に則って行われるのが通例であり，わが国の場合は圧倒的に仏教式が多かった。次章でも述べるように，そもそも葬儀のあり方などについて生前から考える習慣が乏しく，これを既成宗教まかせにしてきた面もあるだろう。しかし最近では宗教色を排した葬儀を望む人や，葬儀そのものを行わない人も増えてきている。

埋葬に関しても宗教施設の付属墓地に納骨する代わりに，火葬後の遺骨を砕いてその灰を海や山に

表2-2　宗教に対する世界の人々の考え方や態度

	A（％）	B（％）
スウェーデン	83	25
日本	73	52
ロシア	63	48
韓国	54	37
アメリカ合衆国	33	20
イタリア	26	18
インド	17	7
イラン	16	1
ナイジェリア	5	1

〔出典：A：「宗教は重要ですか？」との問に対して「いいえ」と答えた人の割合（ギャラップ世論調査 https：//worldview.gallup.com/default.aspx　2009年1月17日　アクセス）　B：「宗教をもたない」と答えた人の割合（電通総研・日本リサーチセンター編『世界60カ国価値観データブック』同友館　2004）〕

撒く散骨を望む人があるほか，墓碑を建てずに遺骨を樹木のもとに埋葬する樹木葬などが関心を集めている。同様の動きは海外諸国からも伝えられており，「生を終えて自然に還る」というあり方が宗教を超えて広く人々の共感を呼ぶものと思われる。

　死生観がすべての人々に共通のテーマであるとすれば，今後は諸宗教の動向とあわせ，世俗的ヒューマニズムの立場からの発言や行動がいっそう重要になっていくであろう。

（2）　ホスピスケアと宗教

　ホスピスは死を迎える者の「看取り」を行うという特性上，死生観をめぐる問題に日常的に直面する職場である。利用者の死生観はさまざまであり，死を目前にして動揺をきたすことも多い。こうした利用者の必死の問いかけに対して，スタッフもまた真摯に対応することが求められる。聖隷三方原病院（院内独立型ホスピス，1981年開設），淀川キリスト教病院（院内病棟型ホスピス，1984年開設）など，わが国でホスピスケアの先駆けとなった施設はいずれもキリスト教主義のものであり，前述のようなキリスト教の信仰に基づいてケアを行った。

　これらのホスピスは，キリスト教の信者でなくとも利用することができる。利用者は施設内で行われる礼拝に参加でき，あるいは居室のスピーカーで礼拝の様子を聞くことができるが，希望しない者は聞かずにいることも自由であるという具合に，利用者の個性に配慮しつつ宗教的立場からの援助が提供されていた。

　その後，仏教などほかの宗教に基づくホスピスも数多く設立されたが，ホスピスが次第に増加して225施設7,743床に及び（2012年4月現在，日本ホスピス緩和ケア協会による），在宅ケアでのホスピス活動も活発となるにつれ，特定の宗教的立場をもたないホスピスが多くを占めるよう

になっている。このことは日本の社会の中では自然な流れともいえるが，宗教的背景をもたずに死を看取り，あるいは看取りを支えることには，特有の難しさがある。わが国のホスピスは，身体面でのケアが充実しているのに比べ，死生観の問題を含む魂のケアが不十分であるとの指摘もあり（小原1999），今後の課題と考えられる。

　ホスピス利用者についてではないが，がんの患者では「死後の世界」や「生まれ変わり」を信じる人の割合が一般人口よりも有意に低いという調査結果が報告されている（中川2012）。死を現実のものとして意識するとき，人の死生観はしばしば動揺し再吟味を余儀なくされるであろう。周囲の人々や専門スタッフも，利用者を支えつつ自分自身の死生観を問い直すことが求められている。

（3）　自殺予防と生命倫理

　今日の社会では，人の死と誕生にかかわる問題がさまざまな形で提起されており，これに対して宗教がどのような答えを提供できるかが問われている。

　わが国の自殺率の高さは，多年にわたって憂慮され対策が講じられてきたものの，いまだにはかばかしい改善を見ていない（第13章参照）。宗教界においては，それぞれの宗教が個別に自殺予防に取り組んできており，東日本大震災の被災地など困難な地域で自殺予防活動に携わる宗教家もある。最近ではキリスト教・仏教・神道・神道系宗教などに属する宗教家が一堂に集い，自殺問題に関してパネルディスカッションを行う試みが行われ注目された（シンポジウム「宗教者の使命──自死をめぐって」，2011年10月，東京・四谷）。

　死をめぐる問題としては，安楽死や尊厳死も今日の重要なテーマである（第14章参照）。また人生の終わりである死ばかりでなく，その始ま

りである誕生に関しても，出生前診断や遺伝子操作技術の飛躍的な進歩に伴って「命の選別や誕生過程への介入がどこまで許されるか」という難問が突きつけられるようになった。これに対して，たとえばカトリック教会は一貫して人為的な介入に反対する姿勢をとっており，人工妊娠中絶だけでなく受胎調節そのものに批判的である。

　これら生命倫理の諸問題は，宗教ばかりでなく死生観一般にとって試金石ともいえる重要な課題である。宗教の発するメッセージを参考にしつつ，それぞれの考えや立場に従って自前の死生観を構築していく必要があるだろう。

学習のヒント
1. 宗教をひとつ取り上げ，その死生観について調べてみよう。
2. 宗教的背景をもたないホスピスにおいて，死生観に関する利用者の悩みや疑問に対応するには，どのような工夫をすればよいか考えてみよう。
3. 尊厳死や遺伝子操作など生命倫理にかかわる問題について，さまざまな立場からの発言を調べながら自分自身の考えをまとめてみよう。

参考文献

小原信『ホスピス―いのちと癒しの倫理学』（ちくま新書 1999）
熊野純彦・下田正弘　編『死生学（2）死者と他界が照らす生』（東京大学出版会 2008年）
小松美彦・土井健司　編『宗教と生命倫理』（ナカニシヤ出版 2005）
谷川健一『日本の神々』（岩波新書 1999）
土井かおる『よくわかるキリスト教』（PHP研究所 2004）
中川恵一「がんと死生観」（死生学研究17号　pp. 325-344, 2012）
松尾剛次『仏教入門』（岩波ジュニア新書 1999）

3 | 日本人の死生観

石丸昌彦

≪目標＆ポイント≫　本章では日本人の死生観を歴史的に展望する。突発的に災害をもたらす自然条件や，仏教・神道と先祖の祭り，儒教と武士道などの文化的背景は，日本人の死生観に強い影響を与えてきた。明治維新以降の日本人は，開国に伴う大量かつ急速な情報の流入の中でアイデンティティの動揺を来し，死生観も大きく揺さぶられた。戦時体制下には偏った死生観が個人に押しつけられ，戦後はその反動として死生観に対する関心の低い時期が長く続いたが，近年ようやく冷静な目で生と死を見つめ考える機運が醸成されつつある。

≪キーワード≫　自然災害，固有信仰，武士道，文学，死生観の復権

1. 近代以前

　人の心のあり方や思考・認識の枠組みは，先立つ時代から受け継がれてきた伝統に強く影響される。ことに死生をめぐる観念は人の心の深層に根をおろしており，過去の体験の蓄積を吸いあげつつ生成されるものであるから，現代の人間も知らず知らずのうちに過去の影響を強く受けているものと考えられる。

　残念ながら，日本人の死生観に関する書籍や資料の大半は，明治以降の近代に関するものに限られ，時代をさかのぼるにつれて情報は急速に乏しくなる。死生観をめぐる歴史を振り返ることは，有意義であるが容易ではない。

この節では近代以前の日本の歴史とその背景の中から，今日の日本人にも影響を及ぼしているいくつかの要因を取り上げて検討する。

（1） 日本の自然条件

　日本の国土はいわゆるモンスーン地帯にあり，日照と降水量に恵まれて豊かな実りを約束するいっぽう，大きな自然災害をもたらす危険が常にあった。台風による風水害と地震の惨禍はその代表的なものであり，このような巨大災害が穏やかで恵みに満ちた日々の中に突如として介入してくることは，日本人の生活と思考の様式に大きな影響を与えてきた。

　天災は突然襲ってきて大きな惨禍を残すが短時間の後には過ぎ去っていき，その後はまた何ごともなかったかのようにのどかな日々が戻ってくる（「台風一過」）。それは慈愛に満ちた母なる自然の，恐るべき豹変と受け止められたであろう。近代以前の人間には台風の襲来を予測することは不可能であったし，地震については今も事情に大差はない。「天災は忘れたころにやってくる」（寺田寅彦）とは防災への備えを説いた言葉であるが，計画的な備えでは防ぎきれない自然の猛威に対する恐れをそこに読みとることもできる。

　このように気まぐれな自然災害の危険に絶えずさらされる中で，日本人は運命を甘受する受動性や，過ぎたことは水に流して忘れるあきらめの良さを身につけるとともに，一夜明ければ再び前向きに進む楽天的な勤勉さを培ってきた。明治期の「お雇い外国人」として日本の医学教育の設立に貢献したドイツ人ベルツが，来日直後の東京で大きな火災の直後に見いだしたのは，このような民衆の姿であった。

　　日本人とは驚嘆すべき国民である！火災があってから36時間たつかたたぬかに，はや現場では，せいぜい板小屋と称すべき程度のもの

ではあるが，千戸以上の家屋が，まるで地から生えたように立ち並んでいる。(中略) 女や男や子供たちが三々五々小さい火を囲んですわり，タバコをふかしたりしゃべったりしている。かれらの顔には悲しみの跡形もない。まるで何事もなかったかのように，冗談をいったり笑ったりしている幾多の人々を見た…

(『ベルツの日記』1876 (明治9) 年12月1日の記載から)

こうした観察からさらに踏み込んで，日本の社会そのものが防災共同体の性格を色濃く備えており，欧米型の政治共同体と対照的であると指摘するものもある。いっぽうで自然の猛威に対する人間の無力は，後出の『方丈記』に見られるように無常観や現世忌避・来世待望を促すものとしても作用した。自然のもたらすインパクトはこのように多様かつ深いものであり，阪神淡路大震災や東日本大震災はそのことをあらためて想起させたともいえるだろう。

(2) 日本人の宗教的背景 〜 仏教・神道・固有信仰

　仏教は6世紀にわが国に伝えられた (第2章参照)。奈良・平安時代の仏教は国家鎮護に重点があり，災厄を鎮め安寧と繁栄をもたらすものとして朝廷に厚く保護されたが，やがて人々の精神生活の中でも重要な意味をもつものとなっていった。

　11世紀に摂関政治の最高権力者として君臨した藤原道長は，栄耀栄華を極めた生涯の晩年に死後の世界に対する不安にとりつかれ，自ら建立した法成寺阿弥陀堂の本尊の前に病床を設け，阿弥陀如来の手から五色の糸を自分の手に結んで臨終を迎えたという。いわゆる末法思想が喧伝された時代に，仏にすがって死後の安寧を願った心情をよく現す逸話である。

12世紀に活躍した平清盛とその一族の盛衰を描く『平家物語』は鎌倉時代に成立したもので，仏教的な「諸行無常(しょぎょうむじょう)」の思想と，現世の禍福は前世の行いによって決まるとする「因果応報(いんがおうほう)」の考え方が全編を貫いている。ほぼ同じ時期に鴨長明によって書かれた『方丈記』は随筆文学の傑作とされ，うち続く疫病や災害の中に世の「無常」を観じつつ，執着を捨てて悟りに達することを願う心境を著している。現実生活の不条理や苦難に直面するにあたって，仏教が中心的な原理となっていたことがこれらの作品から窺(うかが)われる。

　12〜13世紀にはいわゆる鎌倉新仏教の諸宗派が起こった。臨済宗や曹洞宗などの禅宗は，座禅という素朴で厳しい修行を通して悟りに達することを目ざし（自力本願），武家の中に多くの支持者を見いだした。また，浄土宗・浄土真宗・時宗・法華宗などは，念仏や題目を唱えることによって誰(だれ)でも救われるとする平易な教え（他力本願）によって庶民に広く受け容れられた。このようにわが国固有の展開を加えて多様性を増しながら，仏教は日本人の精神生活の中に深く浸透していった。

　神仏習合という現象も見逃すことができない。この動きは奈良時代に始まったもので，平安時代には「仏が衆生(しゅじょう)を救うために，仮の姿となったのが日本の神々である（たとえば大日如来(だいにちにょらい)が天照大神(あまてらすおおみかみ)となった）」とする本地垂迹説(ほんちすいじゃくせつ)が唱えられた。仏教が広まる際に在来の神道との融合を図ったことが起源と考えられるが，仏教が浸透するにつれて多くの日本人の受け容れるところとなった。神棚と仏壇，神前結婚式と仏式葬儀の併存などは，その端的な現れといえる。

　そして，このような背景の中で祖先の祭りを行うことが，いつの頃からか日本の家庭の大切な営みとなった。仏壇に供えられた位牌(いはい)は亡くなった祖先の身代わりであり，位牌の前には小さな食膳や供物が備えられた。春・秋の彼岸には墓に詣(もう)で，盆には他界から家に戻ってくる祖霊を

迎えまた送る。いつか自分もそのうちに加えられることを意識しつつ，寺（仏壇）や神社（神棚）で祖霊を祭ることが日本人の死生の原風景となり，希薄となりながらも現在まで続いてきている。後述の柳　田国男は，このような風景の中に「常民」の「固有信仰」を見いだしたのであった。

（3）　武士道

　武士の存在は日本の歴史を特徴づけるユニークなものであるが，そのあり方は発生から終焉までの約800年間にかなりの変遷を遂げている。鎌倉時代の武士の主従関係は，ヨーロッパの封建制と同様に土地を仲立ちとする双務契約の側面が強く，室町時代もおおむね同様であった。しかし戦国時代を経て江戸時代に入ると，将軍を頂点とする幕藩体制のもとで日本の社会はより一律に統制され，家臣の主君に対する全面的・永続的な忠誠が求められるようになった。その精神的な支柱となったのは儒教である。

　儒教は孔子（紀元前5世紀頃）以来長い歴史をもつ中国由来の思想であるが，中でも江戸幕府が尊重したのは鎌倉時代に宋から伝えられた朱子学の系統であり，その大義名分論であった。士農工商それぞれの身分にふさわしい徳目，とりわけ支配階級としての武士のモラルは朱子学によって裏づけられた。1900年に『武士道』を英語で著してこれを世界に紹介した新渡戸稲造は，武士道の最大の源泉として儒教を挙げ，「孔子と孟子の言葉は武士の心の中に永遠のすみかを見いだしていった」と記している。そして勇気・名誉・忠義などの武士道の徳目を儒教の教えに沿って解説し，これらを実践するため命を惜しまず自己犠牲を厭わない武士の死生観を，普遍的な価値をもつものとして称揚した。

　武士の死生観を窺わせる資料としては『葉隠』もよく知られている。

『葉隠』は江戸時代中期の1710年代に佐賀藩の山本常朝(やまもとつねとも)が口述したものの筆録で，一身を捧げて主君への忠誠をつくすための心得を平易に説いている。冒頭に置かれた「武士道といふは，死ぬことと見つけたり」という言葉があまりにも有名なため，もっぱら死を賛美するものと思われがちであるが，死が常に身近にあることをわきまえて日々これに備えるよう勧める人生訓の側面も見逃せない。memento mori というラテン語の諺(ことわざ)があり，「死を思え」あるいは「汝(なんじ)，死すべきものであることを覚えよ」などと訳されるが，『葉隠』の精神はこれに通じるものといえる。

　武士にとって戦場での落命は覚悟のうえであり，平和時にも何らかの事情で責任を問われれば，即日切腹を命ぜられることもあった。切腹は外国人には奇怪な風習と映り，日本人の未開と野蛮の象徴と見られがちであったけれども，新渡戸は前掲書の中でこれを「みずからの誠実さを示すための儀式典礼」であると説明し，その精神は古代ギリシアやローマの哲人の自死にも通じると論じている。

　武士道は江戸時代の身分制度下における武家固有のモラルとして発達したが，明治維新によって身分制度が解体された後も，軍人の多くは忠誠の対象を天皇という新たな主君に置き換えてこれを継承した。軍人に限らず日本人一般の死生観のより所として，武士道が一定の影響をもち続けたことについては後述する。

（4）　文学とその他の芸術

　日本の文学の歴史は古く長い。8世紀の記紀万葉から，平安時代の説話や女流文学，中世の軍記物語や能・狂言，近世の歌舞伎・浄瑠璃(じょうるり)や浮世草子，長い時代にわたる和歌や中世以降の連歌(れんが)・俳諧(はいかい)・川柳など多彩な伝統をもち，そのうえに明治維新以降は欧米の影響を受けた近代文学が興隆して現代に至る。その広がりは世界にも類がないほどといわれ

る。
　このように豊かな日本の文学的伝統は，同時に日本人の死生観の貴重な記録でもある。先に挙げた『方丈記』や『平家物語』は好個の例といえよう。このことは近代に入っても同様であり，困難な状況の中で自らの死生観を吟味しつつ生き延びる道を探る人々の姿が，多くの作品の中に残されている。そもそも文学という営みは，死と隣り合わせの生を描く作業を通して，死生観の形成に常に参与しているともいえるだろう。最近では映画・音楽・さらにはマンガなどのサブカルチャーも，しばしばこうした役割を担うものとなっている（第6章参照）。
　本章ではごく少数の例を断片的に挙げることしかできないが，日本の文学や芸術を死生観の観点から振り返ってみることは，きわめて有意義な作業であると考えられる。

2．明治から昭和まで

（1）　過渡期の日本人

　前節に述べたさまざまな流れを背景として，江戸時代末期頃の日本人の死生観は，ある種の安定状態に達していたと想像される。仏教と神道の流れを汲む固有信仰が日本人を広く覆い，武家の場合は儒教の影響が加味された武士道に強く律せられていた。こうした死生観に支えられながら，間断なく訪れる飢饉(ききん)・天災・疫病などに我慢強く耐えて生き延びていくのが，大半の日本人の人生であっただろう。
　明治維新に始まるわが国の近代化は，このような日本人の精神生活に大きな変化をもたらした。長い鎖国の後に解放された門戸から，欧米のさまざまな思想が一斉に流れ込んできた。死生観との関連では，仏教や神道とは異なった世界観をもつキリスト教と，自然科学に裏づけられた

近代合理主義が特に重要であったと考えられる。
　キリスト教については，戦国時代末期に急速に勢力を伸ばした後，江戸時代初期に徳川幕府の厳しい弾圧によってほぼ根絶されたカトリックに代わって，明治維新以降はアメリカなどを拠点とするプロテスタント諸教派が活発に伝道を行った。仏教諸派が江戸時代の寺請制度のもとで統治機構に組み込まれ，本来の宗教的な情熱を鈍らせていたのに対して，キリスト教宣教師の精力的な伝道や社会活動は目覚ましく，神の前に個人として立つ信仰のあり方は新鮮なものであった。
　いっぽうでは近代的な技術科学とともにこれを産み出した合理主義的なものの見方が導入され，人権思想や進歩的な政治思想，社会主義・共産主義・無政府主義，無神論的な世界観までが一時に流入し，従来のあり方や考え方を根本から見直すことを促した。これに触発される形で，日本の伝統的な思想を再発見・再評価する動きも起き，日本人の精神世界は百花繚乱（ひゃっかりょうらん）の活況を呈することになる。
　この時期はまた，日本人が自己のアイデンティティの再構築を迫られる困難な時代であり，歴史上まれに見る過渡期でもあった。同様の状況は第二次世界大戦後の時代にも再び認められた。敗戦の衝撃と虚脱が人々を覆う中で，戦前に禁圧されていた多くのものが急激に再流入し，日本人はあらためて自己のアイデンティティを問われることになった。このような過渡期のプロセスは黒船来航から現在に至るまで連綿と続いており，明治維新と戦後はその二つの節目であると見ることもできよう。
　1977年に出版された『日本人の死生観』（上・下，加藤周一ほか，岩波書店）は過渡期としての日本の近現代に着目し，葛藤に悩みながらそのような時代を生きた6人の人物に注目して彼らの死生観のありようを検証した好著である。このように，何らかの意味で時代を象徴する人物の

生き方に注目してみることも，その時代の死生観について知る有力な方法である。

6人の顔ぶれは多彩である（表3-1）。古来の武士道に殉じたもの（乃木，三島）もあれば，キリスト教徒（白鳥）や共産主義者（河上）もある。兆民と鷗外は死に際して社会慣習や宗教の関与を拒むことで，それ

表3-1 「日本人の死生観（上・下）」で取り上げられた人物

明治・大正期（上巻）	乃木希典 1849-1912	長州藩士，明治維新後は陸軍軍人。日露戦争で第3軍司令官として旅順攻撃の指揮をとる。明治天皇崩御に際して夫人とともに殉死した。
	森鷗外 1862-1922	文学者，陸軍軍医。『舞姫』『高瀬舟』などの小説のほか，翻訳・評論・脚本など幅広い分野で活躍した文豪。遺言により墓碑銘は一切の称号を廃して「森林太郎ノ墓」とした。
	中江兆民 1847-1901	思想家・ジャーナリスト。ルソーの思想を紹介し，自由民権運動の理論的指導者となる。喉頭がんで亡くなる晩年に，闘病の中で主著『一年有半』『続一年有半』を著した。
昭和期（下巻）	河上肇 1879-1946	経済学者。『貧乏物語』の執筆や，マルクス『資本論』の翻訳で知られる。共産党員であったため治安維持法により検挙され，4年間の獄中生活を送った。敗戦後病没。
	正宗白鳥 1879-1962	文学者。『何処へ』『入江のほとり』などの小説で知られる，自然主義文学の担い手。学生時代にキリスト教の洗礼を受け，さまざまな葛藤を経た後，臨終の際あらためて信仰を告白した。
	三島由紀夫 1925-1970	文学者。『仮面の告白』『潮騒』『金閣寺』など多くの傑作があり，ノーベル文学賞受賞が期待された。自衛隊の決起・クーデターを促す演説を行い，直後に割腹自殺を遂げた（三島事件）。

ぞれの個を貫こうとした。軍人・作家・社会思想家など立場はさまざまであるが，押し寄せる先進的なものとわが国の伝統的なものとの狭間で，日本人としてのアイデンティティの構築に苦闘した点は共通している。

このように，死生観について考えることは自己のアイデンティティを確認する作業と深くかかわっており，ここに取り上げられた6人の多彩さそのものが，長い過渡期にある現代の日本の状況を示しているともいえるだろう。

(2) 死生観

英語で死生学にあたる thanatology は，死 (thanatos) についての学 (-logy) との意味をもち，直訳すれば「死学」である。死を通して生を考えることが本意であるから，「生」の字を付加するのは適切なことであるが，中国・台湾・韓国などでは「生死学」という言葉が用いられるのに対して，わが国では「死生学・死生観」が定着した。

島薗（参考文献参照）によれば，「死生観」という言葉が使われるようになったのは日露戦争（1904-5年）前後であるという。仏教には「生死（しょうじ）」という言葉が昔からあり，これとは離れた立場で生と死の問題を考えようとする流れの中で，加藤咄堂の著書『死生観』（1904年）や講演活動が注目を集めたところからこの語が定着していった（第1章参照）。

加藤咄堂は仏教を初めとする諸宗教に幅広い知識をもつ著述家・講演家であったが，武士道や禅，儒教（とりわけ実践を重んじる陽明学）に共鳴するところがあり，1890（明治23）年に発布された教育勅語の熱心な支持者でもあった。「来世をあてにするような死生観ではなく，宇宙的な実在に帰一することで，泰然自若として死につくというような死生

観」（島薗・前掲書）が日本人の真骨頂であり，それが武士道に集約されていると加藤は考えたのである。加藤に限らず，日本人の死生観のよりどころとして武士道を挙げるものは多く，前述の新渡戸稲造のようなキリスト教徒の中にも例があった。

　この時期から死生観が論じられるようになった背景には，日清戦争・日露戦争など対外戦争が恒常化してきたことや，新しい時代にふさわしい国民道徳を創出・実践しようとする修養主義の隆盛があり，さらには欧米のキリスト教に匹敵するような日本の宗教的道徳的伝統についての欠落感があったことが指摘される。このような欠落感は，この時代の日本人が広く抱えていたものであり，文学者や民俗学者など知識人の立場から死生観に取り組む人々の系譜もそこから生まれてきた。

　志賀直哉（1883-1971）はそうした文学者の代表的な存在であり，『城之崎にて』から『暗夜行路』に至る一連の作品は，死生観をめぐる葛藤を小説という方法を通して表現した好個の例とされる。同様の問題意識は，当時の文学者の多くが共有していたであろう。

　いっぽう柳田国男や折口信夫は，民俗学的な研究を通して日本人の固有信仰と伝統的な死生観を明らかにする道をたどった。第1節（2）で見たような祖先の祭りを通して，死後の霊魂の存続と先祖から子孫への連続性を確認することが，「常民」の死生観の根底にあったと柳田は指摘する。柳田がそうした固有信仰の保存や再認識に期待をかけたのに対し，折口はそこに安住できない近代人の自己意識を作品に表現した。

　このように多面的な死生観のありようは，昭和に入って戦時色が強まるにつれ，特定の方向に収斂させられていくようになる。

　共産主義の禁圧を目的として1925（大正14）年に成立した治安維持法は，拡大解釈や適応範囲の拡張を繰り返し，あらゆる反政府的な言動や思想を厳しく取り締まるものとなっていった。人々の内心の自由は著し

く制約され，「国民は国家のために進んで一身を捧げるべきである」という公理が，支配的な力をもつようになった。1931（昭和6）年の満州事変，翌1932（昭和7）年の五・一五事件などを経て全体主義と戦時体制が内外で進むにつれ，こうした傾向はいっそう強まった。

先に見たように，「悠久の大義に生き，死を見ること帰するが如し」という達観は武士道の精髄として加藤咄堂らの強調するところであったが，戦時下においてこうした言葉は，戦地へ赴くものを激励し戦闘意欲を鼓舞するものとして語られるようになった。国策遂行がすなわち大義であり，これを疑うものは非国民とされた。現人神（あらひとがみ）である天皇を頂点とする国家神道が公式のイデオロギーとされ，諸宗教の中には厳しく弾圧されたものもあった。おしなべて内心の自由が強く禁圧される中で，個人の内面的な決断にかかわるはずの死生観もまた，外部から強要されるものとなったのである。

そのような時代に，苦悩を抱きつつ死地に身を投じた若者たちの痛切な叫びは，たとえば戦没学徒の手記を集めた『聞けわだつみの声』に遺され，また後述する戦後の文学の中に反映されている（図3-1）。

図3-1　出陣学徒の壮行会（東京・明治神宮外苑，1943年10月21日）
（写真提供：毎日新聞社／PANA）

（3）　戦後の反動　〜　否認と躁的防衛

　日中戦争とこれに続く第二次世界大戦は，日本人だけで300万人を超える死者と数え切れない負傷者を出した末，日本の全面的な敗北に終わった。後には国土の荒廃と深い心の傷が遺され，後遺症は日本人の死生観にも及んだ。

　GHQ（連合国軍最高司令官総司令部）の主導する戦後改革の中では，軍国主義の復活につながると見なされたものは徹底的に排除された。命じられるまでもなく日本人自身が，価値観の押しつけや内面の禁圧はこりごりという思いであったろう。ただし戦後の日本では，古い死生観から解放され，自由な立場から人の生と死をあらためて考えるというよりも，死について考えることや死生観について論じること自体を回避する傾向が顕著であった。GHQ改革を主導した連合国側は，民主主義の背景にキリスト教的な宗教理念と死生観をもっていた。敗戦後のわが国では伝統的な死生観に対する反発や懐疑が広く生じたものの，民主主義とともにキリスト教的な死生観までも受け容れる者は少数であり，全体として死生観に関する一種の空白状態が生じたのである。

　たとえば心理学者の河合隼雄は，次のように述べている。

　「もともと日本人は死ぬことばかり考えてきた。『武士道と云ふは死ぬ事と見つけたり』という言葉もあったし。戦争中は，死ぬことばかり考える悪い時代の典型だった。戦後はその反動で，生きる方へ振れた。日本人はますます伝統を忘れ，死を考えない珍しい時代が続いた。」（「日本経済新聞」1996年6月22日）

　敗戦後の混乱と停滞は1950（昭和25）年に起きた朝鮮戦争をきっかけとして様相を変じ，1950年代後半からはいわゆる高度経済成長期に突入する。この時期が河合の指摘する「伝統を忘れ，死を考えない珍しい時代」に相当するものであっただろう。高度経済成長の中で育ちこれを支

えた「団塊の世代」について，次のような指摘がある。

「団塊の世代と呼ばれる世代前後の人々になると，戦争直後の物質的な欠乏の時代の感覚をベースにもちつつ，まさに経済成長をゴールに，かつ圧倒的な「欧米志向」（日本的なもの，伝統的なものに対する否定的な感覚）のもとで突っ走るという時代に育ってきた分，「死とは要するに『無』であり，死についてそれ以上あれこれ考えても意味のないことで，ともかく生の充実を図ることこそがすべてなのだ」といった意識をもつ人が比較的多いという感じを私はもっている（もちろん個人差が大きいのだが）。」（広井良典『死生観を問いなおす』ちくま選書　2001）

心理学の領域では，強い喪失体験に引き続いて気分が沈むのではなく逆に高揚し，過剰に活動的となる現象が「躁的防衛」として知られている。喪失体験に打ちのめされまいとする心の代償作用であるが，しばしば行き過ぎて現実の認識を誤らせ，適応を破綻させることがある。河合や広井の指摘する戦後の日本人の心のありようは，集団レベルでの躁的防衛と考えればわかりやすい。わが国の初等教育においても，子どもに人の命や死について考えさせる死生観の視点は概して乏しく，20世紀末に若年者による凶悪犯罪が発生した際などに，問題点として指摘された。

もちろん，広井の指摘するとおりこれらは集団レベルの傾向であって，個人レベルでは差が大きい。「戦争の犠牲になった家族や仲間のためにも，より良く真摯に生きねばならない」といった素朴で率直な死生の感覚は，その世代の多くの人々が共有したものであった。戦争体験の継承に真剣に取り組む個人や団体も数多く存在し，文学の領域においても戦争が投げかける生死の問題は大きなテーマとなった。『戦艦大和ノ最期』（吉田満）や『野火』（大岡昇平）はその代表的な例として挙げられるが，むしろ戦後ある時期までの文学作品で戦争体験を多少とも反映

しないもののほうがまれであっただろう。

3. 死生観の復権

（1） 医療現場におけるさまざまな変化

　わが国でホスピスが設立されるようになったのは，第2章で述べたように1980年代に入ってのことだった。1970年代までの高度経済成長に陰りが見える中で，生活の質や人生の意味にようやく関心が向けられるようになってきた現れとも考えられる。

　ドイツ出身のカトリック司祭であり上智大学で教鞭(きょうべん)をとったアルフォンス・デーケンは，同じく1982年頃から「死への準備教育」を提唱し，現在に至るまで執筆・講演活動やホスピス支援運動を精力的に行っている。わが国の死生学の先駆けともいえる存在である。

　このような先駆的活動を追うように，社会一般にも徐々に変化が見られるようになってきた。その背景には医療や健康をめぐるさまざまな事情が存在している。

　象徴的なのは，がん（悪性腫瘍）の告知の問題である。1980年代まで，わが国では患者本人に対してがんの診断を告知しないことが通例であった。たとえば胃がんの場合，本人には「胃潰瘍」などと説明して手術や治療を行う。真実は家族のみに伝えられ，本人に告知するかどうかは家族の判断に委(ゆだ)ねられるが，家族は本人に告知しない（できない）ことが多かった。本人に真実を伏せて治療を行うところから当然さまざまな問題が生じるが，告知に積極的な医療者は少数派であり，「日本人は欧米人のように個が確立しておらず，自分自身の死に直面する準備ができていないので，本人に対して余命の宣告などはすべきでない」といったことが，医療現場で常識のように語られていた。

その後インフォームド・コンセントが徐々に浸透し，情報の開示や説明にかかわる医師の責任が強調される中で，1990年代に急速に事情が変化し，21世紀に入る頃には逆に本人に対してすべてを説明することが新しい常識となった。10年ほどの間に急激な逆転が起きたわけである。ちょうど同じ時期にがんは日本人の死亡原因の最上位に定着し，国民の約3人に1人ががんで死亡するようになった。この結果，きわめて多くの日本人が，がん告知を通して自分の余命や死の問題と直面させられることになったわけである。

　がんと並んで死亡原因の上位を占める脳血管疾患や心臓病も機能の衰えを自覚させられる慢性疾患であるし，これらの病気をもたないものも超高齢社会の到来の中で，残された時間について考えることを余儀なくされるなど，「老・病・死」にどう向き合うかが国民的な課題として急速に浮上してきたのであった。

　このほかにも，医療の現場で生死の問題が浮き彫りになることは多い。脳死問題もそのひとつである。臓器移植技術の進展によって脳死下の臓器移植が現実味を帯びてきたことを受け，人の死とは何なのかが，いわゆる脳死臨調（「臨時脳死及び臓器移植調査会」）を中心に論議された。その答申を受けて1997年に臓器移植法が制定されたこと，そして2009年には「脳死を人の死とする」ことを含めた同法の改正が行われたことは記憶に新しい。臓器提供の意思表示を記したドナーカードが普及したことは，若い人々にも自分の死について考える機会を与えるものとなっている。

　老い（第8章），インフォームド・コンセント（第11章），ターミナル・ケア（第12章），尊厳死（第14章）などの関連事項については，それぞれの章を参照されたい。

（2） バブル崩壊から震災まで

　1992年のいわゆるバブル経済の崩壊は，長く続いてきた高度経済成長に決定的な終止符を打った。経済不況の恒常化にも増して重要な意味をもったのは，大多数の勤労者とその家族が依拠してきた終身雇用制が崩壊したことである。大規模なリストラ，非正規雇用への大幅なシフト，成果主義の導入などは日本人の職場環境を劇的に変えた。それまでの日本の職場は，単に収入を得てキャリアを形成する場所であるだけでなく，勤労者にとっての帰属先であり疑似共同体であることが多かった。それが消滅したとき，人々のアイデンティティとメンタルヘルスに大きな危機が訪れたのは当然の結果であっただろう。

　1998年には，戦後おおむね年間2万人台で推移してきた年間の自殺者数が一挙に3万人超に増加し，その後も2011年に至るまで同じ水準が持続している（第13章参照）。その原因はかならずしも明らかではないが，1997～8年に完全失業率が4％台まで急増したこととの関連を指摘する説は有力である。一般に失業率と自殺率がよく連動すること，失業率急増の背景に上記のようなわが国の勤労環境の激変があること，日本の自殺者の分布は中高年男性にピークがあることなどを考え合わせ，仕事を通して生きがいを確かめるというあり方が危機に瀕していることは想像に難くない。

　このような世相の中で，死と真摯に向き合い人生の終わりについて考えようとする姿勢が，徐々に目立つようになってきた。社会のさまざまな領域から，印象に残るエピソードを断片的にひろってみよう。

　1970年代からアメリカなどで使われるようになったスピリチュアリティ spirituality という言葉が，1990年代には日本でも静かなブームとなった。スピリチュアリティは「霊性」と訳せる言葉で，超常現象やオカルトといった連想も働くが，この時期には人生の意味にかかわる内省的

な言葉として関心を集めはじめたのである。1998年には，WHOの健康の定義に「スピリチュアル」という言葉を加えるかどうかが真剣に議論されている。

　同じ1998年に出版された翻訳絵本『葉っぱのフレディ――いのちの旅――』は，個体の生死とそれを超えるいのちの存在を子ども向けの平易な言葉で説き，好評を博して版を重ねた。

　21世紀に入ると，「いかに人生を終えるか」への関心が社会のあちこちで高まりを見せるようになった。「自分らしい葬儀」の準備を呼びかける葬祭業の広告を，電車内などで見かけるようになったのもこの頃である。あわせて，死に備えてエンディングノートを書き記す習慣も次第に広がってきた。エンディングノートには延命措置・葬儀・財産の処分などに関する希望を記すことが多いが，自身の生い立ちや家系図なども含まれることがある。死の前後の家族の判断を助けるとともに，自身の人生の仕上げの意味を込めて書かれるのであろう。

　アメリカの詩を訳して曲をつけた『千の風になって』は，2001年に発表された後，2006〜7年にかけて大ヒットした。阪神淡路大震災の10周年にも鎮魂の曲として歌われ，広い共感を呼んでいる。2009年には，遺体を清めて棺に納める納棺師の日常を描いた映画『おくりびと』が，アカデミー賞外国語映画賞を受賞した（図3-2）。2011年には，がん末期の父と家族の交流を描いたドキュメンタリー映画『エンディングノート』が大きな反響を呼んでいる。

　2011年3月11日に起きた東日本大震災とその後の関連災害は，こうした流れにひとつのピークを画すきっかけとなった。死者・行方不明者約2万人という巨大災害は，常に天災の危険に曝（さら）されている日本社会の脆（ぜい）弱（じゃく）な基盤とともに，人の生が死と隣り合わせであることをあらためて私たちに想起させた。古来よく知られていたはずのことを「想定外」に置

いて突き進む現代への，あまりにも大きな警鐘であった．

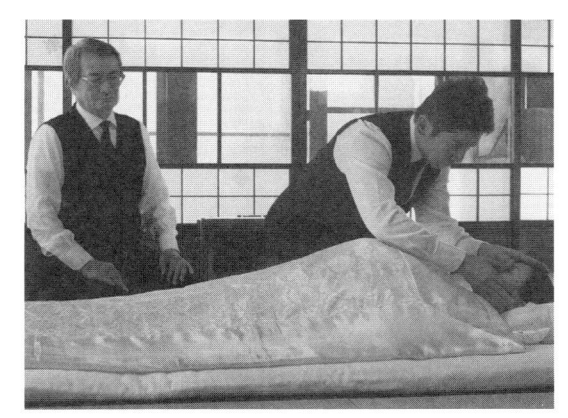

図3-2　映画『おくりびと』のワンシーン
（写真提供：TBS）ⓒ2008映画「おくりびと」製作委員会

（3）　今後に向けて

　前節で述べたように，敗戦という巨大な喪失体験に対する否認と躁的防衛が高度経済成長であったとすれば，経済成長の終焉とともに否認と躁的防衛も終息に向かい，震災はこれに終止符を打ったといえる．

　転じて今は抑うつ的な時代である．英語の depression が，精神病理的な「抑うつ」の意味とともに，経済的な「不況」の意味をあわせもっていることは興味深い．今，日本の社会はまさしく長期的な depression に悩んでいるが，その中でようやく生死の問題についてじっくりと考える機運が整ったものと考えられる．

　私たちの一人ひとりがどのような死生観を携えて生きていくのか，また社会全体がそれをどのようにまとめあげ後世に伝えていくのか，今後に残された大きな課題である．

**学習の
ヒント**

1. 日本や海外の文学や映画の中に，その時代や地域の死生観がどのように描かれているか，それぞれの関心に応じて探ってみよう。
2. 家庭・学校・知人などの影響のもとに自分自身がどのような死生観を育んできたか，ふりかえってみよう。
3. 最近の死生観のたかまりを示すものとしてどのような現象が挙げられるか，身の回りに探してみよう。

参考文献

アルフォンス・デーケン 『新版 死とどう向き合うか』（NHK出版 2011）
加藤周一，M. ライシュ，R.J. リフトン著，矢島翠訳 『日本人の死生観（上・下）』（岩波新書 1977）
島薗進『日本人の死生観を読む――明治武士道から「おくりびと」へ』（朝日新聞出版 2012）
日本戦没学徒記念会『聞け わだつみの声』（岩波文庫 1995）
吉田満『戦中派の死生観』（文藝春秋 1984）
レオ・パスカーリア作 みらいなな訳『葉っぱのフレディ――いのちの旅――』（童話屋 1998）

4 | 喪と追悼：逝きし人〈死者〉と生者のつながり

中山健夫

≪目標＆ポイント≫ 死生観は自分自身の死に対する思索を深めるだけではなく，生きていく間に他者の死，死んだ人間と生きている自分がどのような関係を構築していくか，という課題も問いかけてくる。本章では，伝統的な喪，追悼，喪葬などの儀式を概観しながら，生者がどのように逝きし人〈死者〉との新たなつながりを作ろうとしているかを考えたい。
≪キーワード≫ 葬儀・葬送，喪，看取り，死者と生者，回想

1. Recollection：米国での経験から

　米国留学中に印象深い出来事を経験した。筆者の所属していたスクール・オブ・パブリックヘルスのスタッフの女性が不慮の事故で帰らぬ人となった。その女性を筆者は直接，知らなかったのだが，お世話になっていたプロジェクト・マネジャーの日系3世の男性が，彼女のための集まりをもちたいと提案し，筆者もその場に参加した。平日のランチにピザを食べながら，というお馴染みの米国スタイルで10人余りの人間が集まった。彼は，いつものとおり，にこやかに穏やかに，話し始めた。

　「皆さん，集まってくれてどうもありがとう。彼女もきっと喜んでいることでしょう。彼女を突然失ったことは，本当に言葉にできないくらい悲しいことです。でも，私たちが悲しい集まりをすることを，彼女は望んではいないと思います。今日は，皆さんが知っている彼女のことをひとつずつ話してもらいたいのです。そうして『皆さんが知っている彼

女』というそれぞれの piece をもち寄ってほしいのです。きっと『それは彼女らしいな』と思えたり，『自分の知っていた彼女とは違う，ふーん，そんなこともあったんだ』と思えたりするような，皆さんの知っている彼女，そして彼女の新しい姿が再生してくることでしょう。そうすることで，彼女は，生きていて，皆さんとお付き合いをしていた時以上に，豊かな存在として，皆さんの中にずっと生きていけると思うのです」

　——彼は，その行為を recollection と呼んだ。

　一般的な辞書には「回想，追憶，記憶」といった訳語が並ぶ。それらの日本語からは，通常，個人レベルの認知機能である心象風景が思い起こされる。しかし，筆者が米国で経験した死をめぐる recollection の場面は明らかに，それらの言葉が与える印象とは異なる次元の何かを感じさせるものであった。それは，多数の人間が，逝った人間との思い出のそれぞれの欠片 piece をもち寄る＝recollect（集めなおすこと）による，「人間の再生」であった。

　piece には「ひとつずつ」の意味だけでなく，本来，全体の形があるものが砕けて生じる多数の欠片の意味もある。われわれは，人間と接する時，その人間の一部とだけかかわり，すべてを知ることはできない。そして，自分の知る部分が，その人間の一部に過ぎないことを意識することもなく，ふだんはその必要もない。その人間の死の後で，その人間を共通して知る人間が集まり，それぞれの piece を recollect することで，初めて，その人間の姿——すべてではなくても，今までの自分の知っていたその人間よりもはるかに豊かな存在として——を知ることができる。逝った人間の recollection により，piece をもち寄った人間は，自分の piece を確認することもあれば，別の piece に触れることで，それまでの自分の認知が変容するかもしれない。「謎が解ける」感覚を経

験する場合もあるだろう．そして，それからの人生は，その再生された人間の姿と自己の変容した認知が，自然に組み込まれた新たなものとなるのだろう．

2．逝きし人〈死者〉と生者のつながり

　recollection の訳は「回想」である．回想とは過去の出来事を思い出すことであり，広義の再生に含まれるが，特に（1）再生の対象が自己に密接に関係し，再生に際して過去の生活体験を伴う（2）再生の内容が環境のコンテクストの中で現れる（3）現実に再生のきっかけが少ない等の特徴をもつとされる．

　本章では生きている人間が亡くなった人間とどのような関係を取り結んでいるか，それが生きている人間とこの世にどのような影響を与えているかを考えてみたい．

　生きている人間は，この世で，逝きし人間とともに生きている．この世とは生きている人間だけで作られているのではない．この関係は，先に逝く人間を見送った人間が，次の誰かに見送られながら逝くことで永遠に継続される．

　死をもって始まる両者の新しい関係性という視点で，まずは「生者と死者とのつながり」に関する先行の論考を紹介し，次に生者が逝く人間を送る葬儀と葬送の場面に注目したい．一時に多くの生命が失われた東日本大震災を通して，「生者が逝きし人〈死者〉とともに未来を作る」感覚について述べたい．

3. 先行の論考から

　社会学者の副田義也は「生者と死者とのつながり」について包括的な論考を行ない，次の5類型を提示している。

（1）　死者の記憶
　死者の本質を不在と見て，人間は死によってその肉体と精神がすべて消失すると捉える。そのうえで死者とのつながりが成立するには，死者は生き残った者の記憶の中の存在であるほかはない。ただし死者の本質を実在と見る（2）以下の場合でも，その実在と死者の記憶は両立する。

（2）　死者の霊魂
　死者の本質を実在と見る見方は多様に分岐するが，その伝統的形態といえる。人間は肉体と霊魂から成る二元的存在であり，死によって肉体は失われても，霊魂は残るという観念。死者とのつながりは霊魂との関係となる。

（3）　死者たちの世界
　死者の霊魂が存在すると考えると，それらが住む場所もあり得る。死後の生が送られる世界。伝統文化ではそれを幽界といい，生者たちの世界である顕界と区別される。その死者たちの世界との関係。

（4）　死者の転生
　死者の本質を実在と見る見方の現代的形態のひとつ。死者が死後，それ以外の存在として生き続ける観念。象徴的不死性（R.J. リフトン）のうち，家族，人類，自然，仕事などはその実例。ほかに名誉，祖国。生

き残った者はそれらに死者が生き続けていると見て，死者とのつながりを感得する。

（5） 想像上の死者としての自己

　想像力を働かせて自己をすでに死んだものと見立て，その自己との関係において生き方を決めるという行動様式。ベネディクトが『菊と刀』で挙げた日本人の「死んだつもりになって生きる」はその一例である。

　死者とのつがなりは生きる者にどのような影響を与えるだろうか。副田の論考は下記のとおりである。仏教伝来以前の日本農民がもつ土着の宗教的信条においては，死者とのつながりは家と子孫を加護する先祖の霊魂とのつながりだった。先祖は死んだ後その霊魂が田の神，氏神となって子孫である彼らの農事を助け，守る。そのように理解される死者とのつながりは，生きる者にとって新しい活力であり支えとなるものであった。仏教の霊魂感が渡来したままのものであれば，死者とのつながりは残されたものの生きる力を奪い，無力感を生じさせる危険があった。日本文化において死者とのつながりがなぜ生者を元気づけるのか，という問いに対して，この文化が原初的には死者の霊魂が生者と間近なところで暮らしているという発想をもつことが根本原因と答えている。生者は死者の霊魂によって加護され時に死者の霊魂を愛し，力づけられて生きていく。日本文化は原初的に死者を裁いたり，赦(ゆる)したりする絶対者としての神や仏をもたなかった。死者の霊魂が遠くの天国や極楽，地獄に行ってしまうことはなく，生者がそれらの遠くの場所とそこでの死者たちに思いをはせて現世での無力感に落ちこむこともなかった。

　生きている人間が死んだ人間にどのような影響を受けているかを考えることは，生者の人生にとっても積極的な意味をもつ。物質としては生

命活動が終わった＝死んだとされる人間であっても，その人間を知って生きているほかの人間の記憶には深く刻み込まれている。それはすなわち，生きている人間の脳の活動の一部をつかさどる物質として，その認知・行動に影響を与える実体としても存在しているといえる。そのような「生命科学的な」表現を用いずとも，死んだ人間の想いを受け継いで生きる人間，死んだ人間の行動・思考を想起することで，これからの人生の意思決定の指針を得ようとする人間の存在を考えれば，実世界とはけっして生きている人間だけのものではなく，生者が死んだ者とともに創り続けている存在といえるだろう。そして喪・追悼とは，生者が死者とそのような新しい共同作業を開始・継続していくために，文化的に，そして生物学的に必要とされた時間であり，プロセスとも考えられる。

この視点については，「5．逝きし人〈死者〉とともに未来を作る」で再度述べてみたい。

表4-1　日本文化における死者とのつながりの基本類型

死者	死者とのつながり		生者
	死者の行為	生者の行為	
祖霊	加護	魂祭り	子孫・家
怨霊	災厄	回向	個人，住民
御霊	加護	信仰	住民
主君の霊	(生前の性関係あるいは贈与)	殉死 (返礼と自己主張)	家臣個人
英霊	護国	慰霊，顕彰	天皇，臣民，国民

〔出典：副田義也編『死の社会学』(岩波書店2001　p. 310)〕

4．葬儀と葬送

（1） 葬式とは

　葬式とは死者を葬り送る儀式であり，具体的な死体の処理という作業と観念的な死者の霊魂の送りという作業の両者が並行して行われる。仏教における葬儀の順序は大きく，死亡の確認から納棺まで，告別式から土葬（火葬）まで，土葬（火葬）から忌明けまで，忌明けから弔い上げまで，の4段階に分けられる。死亡確認から納棺までの間には，臨終にあたっての末期(まつご)の水，急いで別火で炊く，枕飯もしくは枕団子，死者を西向き北枕に寝かせる枕直しなどが行われる。布団の上には魔除けの刃物を置き，枕元には枕飯を備える。近隣の家から手伝いの人たちが集まり，葬儀の準備をする。男は葬具つくりや墓穴掘り，女は台所の賄(まかな)い仕事などを分担する。これらの人的・物的協力を「合力」と呼ぶ。通夜には家族は文字どおり死者のそばで徹夜し，死者のそばで寝るなど死者をけっして独りにはしない。その間，線香と蝋燭(ろうそく)の火を絶やさない。

　翌日身内の者たちによって湯灌（ゆかん）が行われ，白い死装束を着せて納棺し，葬儀の祭壇の前に安置する。最近では病院での死亡が多く，末期の水や湯灌など省略される場合も多いが，枕飯や蝋燭の火を絶やさぬことなどは比較的従来どおりに守られている。

　古代の儀礼は死体の保全，死者の霊魂の鎮めと魔除けが中心となっている。次に告別式から土葬（火葬）までの間には，僧侶による読経，引導渡し，参列者の焼香などが行われ，出棺，そして葬列を組んで野辺送りとなる。近年では，葬儀屋の進出と霊柩(れいきゅう)車の普及により葬列を組んでの野辺送りは見られない。また公営の火葬場の設置により急激に火葬が普及し，火葬も専門の職員の手に委(ゆだ)ねられている。

　土葬（火葬）から忌明けまで，さらに忌明けから弔い上げまでの儀礼

は，墓直し，寺送り，初七日，四十九日など，死者の霊魂の鎮送を徹底する儀礼，その後は，年忌供養，弔い上げなど，死者の霊魂との交流のための儀礼が中心となる。

（2） 形態の転機

ジャーナリストの碑文谷 創(ひもんや はじめ)によると葬儀の演出形態は戦後，以下の3つの転機を経てきたとされる。

最初（昭和30年代後半）は高度経済成長とともに始まる。急激な都市への人口移動による地域社会の崩壊。それまでどちらかといえば地域，血縁共同体を中心としていた葬儀が外に向きを変える。宗教儀礼を内容とする葬儀式から不特定多数の会葬者用の告別式が主体となる。その象徴が大型祭壇の普及，一般化であり，「見せる葬儀」が始まる。

第2期は，日本経済が自信をつけてきた時代。葬儀では個人の人柄をたたえるナレーション演出などが行われるようになる葬儀の個人化現象。社会のスピードアップに対応して葬儀時間の短縮化も進む。また初七日法要を葬儀当日に繰り上げることが一般化する。

第3期は大衆から分衆の時代といわれる成熟化社会で，葬儀も急速に近代化する。花輪などの造花が生花にとって代わられ，祭壇も生花祭壇が増える。葬儀の形骸化，つきあいの儀礼化が進む。葬儀の自宅離れを背景に民間斎場が登場する。

現代社会の葬儀の特徴を以下に述べる。

1. かつての葬儀は地域共同体によって遂行されたが，現在では家族（核家族）が葬儀遂行の主体となっている
2. 現在の葬儀において参列者は地域的制約を越えて，広い地域から参集する

3．食料品をもって香典とする習慣は消滅し，金銭に代わった。この金銭贈与こそ社会からの現代の「合力」といえる
4．村落共同体の人的・物的協力に代わり，喪家は金銭によって葬儀にかかわるサービスを葬儀業者など外部から購入するようになった

　フランスでは葬儀が簡素化されすぎたため，グリーフワークとしての機能が失われるという危機感も出始めており，新しい葬儀の様式が模索されている。

(3) 1・2・3人称の葬儀

　一般的な人々の葬儀への関与の仕方は3通りである。第1に他者の葬儀への参列，第2に親しい家族や親族などかけがえのない人との葬儀の主宰，第3に自分自身の葬儀の予測ないし計画という形である。人の死を1・2・3人称の死と分類したフランスの哲学者ジャンケレヴィッチの言葉を借りれば，人々は3人称・2人称・1人称の葬儀を順次経験する（第1章参照）。そのカテゴリーはライフサイクルとも関連する。一般的な人生では，少年期から青年期にかけて他者の葬儀（3人称の葬儀）への参列を経験し，青年期から老年期に親や配偶者などの親しいものの葬儀を主宰する側に立つ。晩年期になると自分の葬儀について思いをめぐらせる。

(4) 同化過程としての「葬」と「喪」

　「葬る」の意味は一般的には「①死体・遺骨を墓所などにおさめる。埋葬する。②存在を世間から覆い隠す（広辞苑）。」とされるように「忘れ去る・消し去る」という否定的な意味合いで受け取られる。しかし近しい人間の葬儀をめぐる一連の作業を通して感じられるのは，けっし

て,「二度と見ない」ためではなく,新たな形で自分の中に,そして共同体の中で逝きし人を同化するためにそれを行う感覚であろう。

　死は「穢れたもの」と「聖なるもの」のきわめて微妙な境界線上にある,というよりも両方に同時に跨っている。近づき過ぎてはいけないが,自分の中に,自分たちの中に取り込むという形で,それ以上ないほど近づかざるを得ない存在でもある。

　喪とは死亡した人を追悼する礼である。特に人の死後,その親族が一定期間,世を避けて家に籠り,身を慎むこととされ,親疎によってその期限に長短がある。古くは喪屋にこもって別火の生活を送り,髪や髭も伸びるにまかせたという。喪は深い慎みの状態にある忌（初七日まで）と忌よりも軽い状態の服（四十九日）に分かれ,時代による変化を伴いながらも,近世までは厳しく守られてきた。最近では簡略化が進みつつある。一般に喪の明ける時には「精進落とし」と呼ばれる肉食を含む共同飲食の儀礼を行う。

5. 逝きし人〈死者〉とともに未来を作る

　日本人,そして日本の社会は,地形・地勢的に多様な自然災害とともにある生活を半ば宿命のように受け容れてきた。通常の死の姿とは異なり,短い時間で多くの人々の死が発生し得る——それも理不尽な形で——激甚な災害は,残された人々の死生観に大きな影響を及ぼす（第5章参照）。日本人が経験した幾多の災害の中で,とりわけ1995年の阪神・淡路大震災と2011年の東日本大震災は,今を生きる多くの人々,そして現代の日本社会の心底に深い傷痕を与えた。阪神・淡路大震災によって社会的な関心が喚起された「心の問題」のひとつは「外傷後ストレス症候群（post-traumatic stress syndrome：PTSD）」であった。医学用

語としてのtrauma（トラウマ）は，精神的なものに限らず身体的な傷害（どちらかというと後者での用途がより広い）を含むものであるが，阪神・淡路大震災以後，「トラウマ」は特に心理的な傷害（心に深く刻み込まれた傷）を意味する言葉として社会に一般化した印象がある。大きな自然災害が，それを経験した人々・社会に，生と死をめぐる新たな感覚，そして理解の共有を進めたといえるかもしれない（第5章参照）。それでは東日本大震災を通して，われわれが共有しつつある生と死の感覚は何であろうか。さまざまな立場からその答えは模索されるであろうし，もちろんひとつに限定されるべきものではない。本節ではひとつの視点として，「生者が逝きし人〈死者〉とともに未来を作る」感覚への再帰を述べたい。

　いとうせいこう氏の小説『想像ラジオ』は，「杉の木のてっぺん」で仰向けになったままで軽妙なトークを続ける"アーク"と名乗るラジオのＤＪ（ディスクジョッキー）が登場する。若い頃の思い出，妻や息子への愛情，男女さまざまなリスナーから届く「お便り」，ラジオの人気番組そのままの軽快なおしゃべりと，合間に選曲される懐かしいオールディーズのナンバー。しかし，その第1章は間もなく襲いかかる「異変」の断片的な記憶と混乱の中にかき消されていく――。DJアーク，そして「お便り」を送ってきた人々は皆，あの時に「逝きし人〈死者〉」たちであった。小説の作者，そして読者は，その人たちの声を「受信」していたのだ。以下，エッセイスト・平松洋子氏による書評（読売新聞2013年4月7日）から一部を引用する。

…提示されているのは，死者とともに歩むことで次代を再構築しようとする世界観だ。第2章では，さまざまな迷いや煩悶（はんもん）を引き受けようとする誠実な試みが行われる。福島のボランティアを終えて帰京する車中，

同乗の5人が言葉をぶつけ合う場面。当事者ではないのに死者の声を聞こうとするのは,「他人の不幸を妄想の刺激剤」にした身勝手な欲求ではないのか。それを鎮魂といえるのか。ぎりぎりまで踏み込んだうえで,「想像力」に光を見出す。

「生きている僕は亡くなった君のことをしじゅう思いながら人生を送っていくし,亡くなっている君は生きている僕からの呼びかけをもとに存在して,僕を通して考える。そして一緒に未来を作る」

　…想像という行為は,死者への祈りのみならず,生きていく者同士が繋がる手だてでもあると気づかされる。

　以下は哲学者の森岡正博氏の論評である。小説と哲学と方法は異なるが,伝えようとしている感覚は『想像ラジオ』のそれに共通する。

　人生の途中でいのちを奪われた人たちは,この世から消滅したわけではない。その人たちのいのちは,彼らを大切に思い続けようとする人々によっていつまでもこの世に生き続ける。心の中に生き続けるだけではなくて,ふとした街角の光景や,たわいない日常や,自然の移りゆきのただ中に,私たちはその存在をありありと見出すのだ。
　人生は一度限りであるから,どんな形で終わったにせよ,すべての人生は死によって全うされている。すべての亡くなった方の人生は聖なるものとして閉じた。そして彼らのいのちはこれからずっと,この世で私たちとともにいる。

　「生者が逝きし人〈死者〉とともに生きる」感覚は,3節で述べたよ

うにさまざまな時代で個々の人間のものとしてはすでに知られていた感覚であり，けっして東日本大震災を経て新たに生まれたものではない。しかし，多くの人々の命が失われた今，この感覚を強調する意味は，これまではかならずしも良しとされなかった生き方，生きている人間がすでに死んだ人間を想い続けて送る人生が，今であれば多くの人々に共感をもって受け容れられる可能性を感じるからである。「過ぎたことは忘れよ，前を見て生きよ」的な他者の「励まし」による過去の記憶の消去，未来志向の強要は，意図せざる結果だったかもしれないが，混迷にある人々の生きる力の回復を妨げたことはなかっただろうか。「死者とともに生きる」感覚，「そう生きることを許される」感覚の共有が，多くの命を瞬時に失った今，われわれが立ち戻る価値を見いだせる死生観のひとつではないだろうか——。

6．おわりに

　本章では，死者と生者の持続的な関係性を考える視点で喪，葬式，追悼，そして東日本大震災を通した「生者が死者とともに生きる」感覚の共有を取り上げた。記憶の力に想像の力を加えることで，「生者が逝きし人〈死者〉とともに生きる」こと，さらに進んで「ともに未来を作る」こと——個人としても，社会としても——が可能になるのかもしれない。

　昭和初期，死の影が迫るサナトリウムを舞台に堀辰雄は『風立ちぬ』を執筆した。そこで引用されたリルケの「レクイエム」を紹介し，本章を終える。

　　帰っていらっしゃるな。そうして，もしお前に我慢できたら，死者たちの間に死んでおいで。死者にも仕事はたんとあるのです。けれ

ども，私を助けておくれ。お前の気が散らない程度で。しばしば，遠くのものが私を助けてくださるように……私の内で。

学習のヒント

1. 喪，追悼，回想に関連する英語・日本語を調べ，文化的な背景を考えてみよう。
2. 生者と死者のつながりについて，身近な具体例を考えてみよう。
3. 悲嘆プロセス・グリーフケアに，死んだ人間とともに新しい人生・世界を作っていくという視点がどのように含まれているか，考えてみよう。

参考文献

いとうせいこう『想像ラジオ』(河出書房新社　2013)
井之口章次『日本の葬式』(ちくま学芸文庫　筑摩書房)
副田義也編『死の社会学』(岩波書店　2001)
竹内利美『村落社会における葬儀の合力組織　竹内利美著作集Ⅰ』(名著出版　1990)
森岡正博氏『生者と死者をつなぐ：鎮魂と再生のための哲学』(春秋社　2012)
柳田国男編『日本歴史大事典　葬送習俗語彙　復刻』(国書刊行会　1975)

5 | 死生観：国と地域の視点から

中山健夫

≪目標＆ポイント≫　死生観は「他人の死のありさま」に大きな影響を受ける。本章では国と地域の視点から，死亡を扱う統計で明らかにされる死の原因・理由，死の場所など死の態様，その延長として近年深刻化している孤立死の問題を考える。さらに「多くの人の死」が生じる災害という非日常でありながら，避けて通ることのできない問題を通して，苛烈な体験から死生観を問うことの困難さに触れたい。
≪キーワード≫　寿命，死因，在宅，孤立死，ソーシャル・キャピタル（社会関連資本），災害，PTSD

1. 日本人の寿命と死因

（1）　日本人の寿命

　厚生労働省による簡易生命表平均寿命（2010年）によると，1947（昭和22）年に男50.06年，女53.96年であった平均寿命（0歳時平均余命）はそれぞれ79.64年，86.39年となっている。男女別の各年齢の平均余命は，30歳時に50.41と56.92，50歳時に31.51と37.61，そして70歳時に15.08と19.53である（http://www.mhlw.go.jp/toukei/saikin/hw/life/life10/01.html）。

　近年では実際の寿命から介護期間を差し引いた健康寿命の概念が広まりつつある。平均寿命と健康寿命には男で9歳，女で13歳の差があり，人々が生活の質を保って人生を全うできているか大きな課題を提示して

いる（**図5-1**）。なお国民生活基礎調査（平成22年）によると要介護の原因の24％が脳卒中後遺症，21％が認知症，13％が高齢による衰弱となっている。

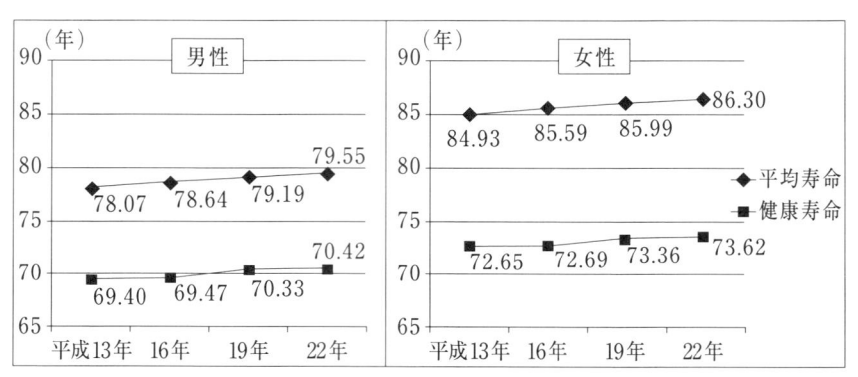

図5-1　日本人の平均寿命と健康寿命

〔出典：平均寿命は，平成13, 16, 19年は，厚生労働省「簡易生命表」，平成22年は「完全生命表」健康寿命は，厚生労働科学研究費補助金「健康寿命における将来予測と生活習慣病対策の費用対効果に関する研究」〕

男性
- 平均寿命：平成13年 78.07，16年 78.64，19年 79.19，22年 79.55
- 健康寿命：平成13年 69.40，16年 69.47，19年 70.33，22年 70.42

女性
- 平均寿命：平成13年 84.93，16年 85.59，19年 85.99，22年 86.30
- 健康寿命：平成13年 72.65，16年 72.69，19年 73.36，22年 73.62

（2）死亡に関する指標

① 粗死亡率，年齢調整死亡率

粗死亡率は人口千人に対するある年の死亡数であり，国や地域の健康水準の推移を評価する有用な指標である。第二次世界大戦後から高度成長時代に入るまでに，日本の死亡率は急激に低下し，欧米先進国を下回る低死亡率国となった。死亡の状況は，その集団の年齢構成よって大きく左右されるので，地域・時代の異なった集団の比較には基準となる集団の年齢構成に置き換えた年齢調整死亡率を用いる。

② 乳児死亡と死産

　ある地域で生まれた千人（死産は含まない）に対する乳児（1歳未満）死亡数を乳児死亡率という。医療水準や生活水準に強く影響されるので国レベルの健康水準の優れた指標となる。2010（平成22）年の日本の乳児死亡率は2.3である。WHO世界保健統計（2012年版）によるとWHO加盟国193か国の中央値は18，ワーストはシエラレオネ114，コンゴ民主共和国112，ソマリア108であり，日本はフィンランド，アイスランド，ルクセンブルク，サンマリノ，シンガポール，スロベニア，スウェーデンとともに世界でもっとも乳児死亡率が低い国のひとつとなっている。

（3）　主要死因の動向

① 　年次推移　http://www.mhlw.go.jp/toukei/list/dl/81-1a2.pdf

　平成23年の死亡数は125万3,066人で前年より5万6,054人増加し，死亡率（人口千対）は9.9と上昇した。明治から大正にかけて，死亡数は90万〜120万人，死亡率は20台で推移してきたが，昭和に入って死亡率は20を割り，昭和16年に死亡数は115万人，死亡率は16.0まで低下した。戦後直後の昭和22年に死亡数は114万人，死亡率は14.6であったが，医学・医療の進歩と公衆衛生の向上などで死亡状況は急激に改善され，昭和41年には死亡数がもっとも少ない67万人，昭和54年には死亡率がもっとも低い6.0となった。その後，人口の高齢化を反映して緩やかな増加傾向に転じ，平成15年に死亡数は100万人を超え，死亡率も上昇傾向にある。

　年齢階層でみると，14歳以下の死亡数は，明治から昭和初期にかけて多かったが，戦後，急減した。近年は人口の高齢化を反映して80歳以上をはじめ65歳以上の死亡数が増加して，全死亡数に占める割合は平成23年で56％となっている。

② 主要死因の動向

　平成23年の主な死因別の死亡率（人口10万対）は，がん283，心臓病155，肺炎99，脳卒中98，不慮の事故47である。年次推移を見ると，がんは一貫して上昇し，昭和56年以降は死因第1位となっている。心臓病は昭和60年に第2位となり，その後も上昇していたが，平成6，7年には急減し，同9年から再上昇している。肺炎は昭和22年以降，低下傾向であったが，昭和48年以降は上昇傾向に転じ，平成23年には脳卒中を抜いて第3位となった。脳卒中は昭和45年から低下，平成3年以降は横ばいで推移し，同7年に急増したが，その後は低下している。

　年齢調整死亡率は近年，総じて低下傾向にある。平成23年の性・年齢階級別の死亡数を主な死因別にみると，男女とも10歳代，20歳代では，不慮の事故および自殺（第13章参照）が多い。50～70歳代ではがんが多く，80歳以降は心臓病，脳卒中，肺炎が多くなっている。

　死因1位のがんについては以下のような傾向が見られる。平成23年における男性のがん死亡数は21万3,190人で，部位別では肺がんが一貫して増加し，平成5年に胃がんを抜いて第1位となった後も上昇が続いている。胃がんは昭和43年以後，低下傾向が続いていたが，平成6年から上昇に転じ，近年は横ばいである。大腸がんは上昇を続け，平成19年に肝がんを抜き第3位となり，上昇傾向にある。肝がんは，近年は横ばいから低下傾向で推移しているが，膵がん，前立腺がんは上昇傾向にある。平成23年の女性のがんの死亡数は14万4,115人で，部位別にみると一貫して上昇を続けていた大腸がんは，平成15年に胃がんを抜き，以降第1位となった。19年には肺がんも胃がんを抜いた。膵がん，乳がんは上昇し続けており，子宮がんも近年緩やかな上昇傾向にある。

2. 国と地域の取り組み

(1)「終の場」をめぐって

　前節では人間の死ぬ原因・理由を概観した。では人間の死ぬ場所——「終の場」はどこであろうか。人口動態統計によると死亡の場所は，1955年には病院12％，自宅77％であったが，2009年にはそれぞれ78％と12％となっている（表5-1）。また介護老人保健施設・老人ホーム等の高齢者施設は統計の始まった1995年には1.7％であったが，2009年には4.3％と増加傾向にある。

表5-1　死亡の場所別にみた死亡数・構成割合の年次推移

年	病院	診療所	介護老人保健施設	助産所	老人ホーム	自宅	その他
1955	12.3	3.1	.	0.1	.	76.9	7.7
1960	18.2	3.7	.	0.1	.	70.7	7.4
1965	24.6	3.9	.	0.1	.	65.0	6.4
1970	32.9	4.5	.	0.1	.	56.6	5.9
1975	41.8	4.9	.	0.0	.	47.7	5.6
1980	52.1	4.9	.	0.0	.	38.0	5.0
1985	63.0	4.3	.	0.0	.	28.3	4.4
1990	71.6	3.4	0.0	0.0	.	21.7	3.3
1995	74.1	3.0	0.2	0.0	1.5	18.3	2.9
2000	78.2	2.8	0.5	0.0	1.9	13.9	2.8
2005	79.8	2.6	0.7	0.0	2.1	12.2	2.5
2007	79.4	2.6	0.8	0.0	2.5	12.3	2.4
2008	78.6	2.5	1.0	－	2.9	12.7	2.3
2009	78.4	2.4	1.1	0.0	3.2	12.4	2.4

〔出典：厚生労働省・人口動態統計　http://www.mhlw.go.jp/toukei/saikin/hw/jinkou/suii09/deth5.html〕

いっぽう，「治る見込みがない病気になった場合，どこで最期を迎えたいか」に対しては，「自宅」という答えが55％と最多で，続いて「病院などの医療施設」が26％となっている（平成24年版高齢社会白書。データは平成19年に全国60歳以上男女を対象に内閣府が実施した「高齢者の健康に関する意識調査」）。「自宅が良いが実際死ぬのは病院」というギャップがうかがわれるが，自宅で最期まで療養することが困難な理由として，約8割が「介護してくれる家族に負担がかかる」，約5割が「症状が急変したときの対応に不安がある」，約3割が「経済的に負担が大きい」を挙げている（平成20年厚生労働省「終末期医療に関する調査」）。最期を迎えたい場所として，高齢者向けのケア付き住宅や特別養護老人ホームなどの福祉施設の希望者も10％を越えており，50代では前者，75歳以上では後者の希望が多い。「介護を受けたい場所」としても，自宅（男51％，女36％）に続いて介護老人福祉施設（男17％，女20％）が挙げられている。今後，医療機関，自宅に続く第3の「終の場所」としてこれらの施設の重要性が高まっていくことが予想される。

（2） 行政の取り組み

高齢化のさらなる進展で，死亡者数は2030年にかけて今よりも約40万人増加すると予測されており，国民の希望に応える療養の場と看取りの場の確保は喫緊の社会的課題となっている。厚生労働省は平成24年度を「新生在宅医療・介護元年」（「地域包括ケア元年」とされる場合もある）と位置づけ，①在宅チーム医療を担う人材の育成，②実施拠点となる基盤の整備，③個別の疾患等に対応したサービスの充実・支援などを通じて住み慣れた場で，自分らしい生活を実現するための体制整備を進める「在宅医療・介護推進プロジェクト」に取り組んでいる。各地域で在宅医療（薬局も含む），栄養ケア，介護の連携を図り，在宅医療・介護を

推進するため，以下の施策が示されている。
1．在宅チーム医療を担う人材の育成
2．実施拠点となる基盤の整備
3．個別の疾患等に対応したサービスの充実・支援

　厚生労働省は，これらの施策については予算措置による対応のほかに，法律改正や医療計画等で位置づけるなどの制度的対応，そして診療報酬・介護報酬の中での対応など，課題対処に向けて施策を総動員する，としている。

（3）「在宅死」の課題

　これまで，「国民の希望する自宅での介護・療養，そして死・看取り」をより多く可能としていくための行政の取り組みを紹介してきた。年老いても住み慣れた地域で暮らし，そこを「終の場」とできるよう，在宅医療や看護・介護サービスの整備が進められている。しかし，いっぽうで「自宅での介護・療養，そして死・看取り」が，家族にとって少なからぬ負担となること，そして家族の負担となることを本人が負担と感じている事実は，既述の「終末期医療に関する調査」でも示された通りである。一般的に注目されている家族の負担は日々の介護によるものが主であり，老年学・公衆衛生学では介護者負担を測定する尺度も広く利用されている。しかし身体的負担の大きい介護の時期を過ぎて，臨死の段階に至ると，家族の負担はより精神的なものとなっていくことが考えられる。肉親が少しずつ確実に「死んでいく様子」，意識が薄れ，顎が落ちて，呼吸が荒く不規則になっていく姿に接することは，普通は目にすることのない，きわめて厳粛な，しかしある種「異様」に映る場面ともいえる。そのような過程に，ほとんど初めての経験となる家族だけで立ち会うことの精神的な負担は非常に大きいことが推測される。家族が，

肉親における死の接近から進行，そして完了の全過程に立ち会い，それに続く葬儀の過程への移行を支援できるような在宅医，訪問看護師が，社会資源として十分配置されるまでは相当の時間がかかる。在宅を支援する専門家が，死を迎える事前の心構えを，家族に慎重に繰り返し確認していくことは大切だが，それを聞くことで過度に不安を抱く人がいても不思議ではない。その意味で家族が，「自宅での死」よりも，専門家に囲まれた環境として医療施設や高齢者施設での死を望むのはもっともといえる。「自宅での介護・療養，そして死・看取り」だけが唯一の目標ではなく，介護・療養の時期は，できる限り在宅で，そして死の直前には専門的な施設に，という選択肢も考慮していく必要があるだろう。

（４）　高齢者施設での看取り

　「終の場」として医療施設・自宅に次いで高齢者施設の役割が大きくなりつつあることを既に述べた。医療の場でも自宅でも無い環境で，死とどう向き合うかは，さまざまな現場で試行錯誤が進められている。

　山形県村山保健所は，本人や家族の意思に基づいて穏やかな最期を迎えられるように，経験の少ない職員らのために具体的な対応を盛り込んだ「看取りに関する手引き（A4判32頁）」を作成した。山形県では2011年に亡くなった14,880人のうち，約８割が病院で死亡し，特別養護老人ホームなど施設で亡くなったのは1,143人と１割弱である。県内の病床は漸減傾向で，単身や高齢世帯の多い自宅での看取りも難しい場合が多いため，高齢者施設を「終の場」とする人の増加が予想されている。しかし現状では，終末期の延命や病院搬送について，入所者の意思が事前に未確認の場合や，容体の変化に高齢者施設で対応できないと判断された場合は病院搬送されることが多い。そのような背景から，利用の場面を施設での看取りに限定して，地域の在宅医や施設管理者ら11人が協力

して，想定される事態への対応を具体的にまとめて，この「手引き」が作られた。たとえば「死の1週間ほど前からだんだんと眠っている時間が長くなる」「呼吸のリズムが不規則になり，肩や顎が動くようになる」などと容体の変化が具体的に説明されている。そして終末期を穏やかに過ごすため，「お気に入りの音楽を流す」「好きな飲み物で唇を湿らせる」などのケアが紹介されている。また，入所時や容体が変化した時に本人や家族に対して延命処置の希望を聞く書面や，施設内での看取りの指針を作る際のひな型などが例示され，医師や訪問看護ステーションとの連携方法や，相談できる行政の窓口一覧が掲載されている。さらに身近に死を経験したことがない職員のメンタルケアの必要性にも触れている。

　この「手引き」は，厚生労働省の進める国レベルの施策としてのパブリックヘルスではなく，行政としては保健所が基点となりつつも，地域の人々が問題意識を共有し，それぞれの専門的な知識と知恵をもち寄った協働の成果といえよう。このような地域レベルの取り組みの積み重ね，そして地域を越えての情報共有と改善に向けた相互提案が，人々の願う平穏な第3の「終の場」作りに繋がっていくことが期待される。

＊「看取りに関する手引き」は下記からダウンロード可（http://www.pref.yamagata.jp/ou/sogoshicho/murayama/301023/kikakutanto/zaitakuryo/zaitaku-ryoyo-siryo/mitori-tebiki.pdf）。

（5）孤立死

　これまで死の様態として，原因・理由，場所の問題を述べてきたが，死をめぐる新たな問題として急速に注目を集めているのが「孤立死（孤独死）」である。

　内閣府の高齢社会白書（平成22年度）では「誰にも看取られることな

く息を引き取り，その後，相当期間放置されるような悲惨な孤立死（孤独死）」と記述されている。またジャーナリストである碑文谷 創（ひもんや はじめ）は孤独死（孤立死）を以下のように説明している。

　単独世帯の増加により在宅での誰にも看取られない単独死が増加している。死後2週間以上（中には1年以上）経過し，腐敗し，さらに進行し白骨化されて発見される例が増加しており，人間関係の希薄化が招いたと，これを単独死と区別して孤独死（孤立死）と呼ぶことがある。だが，価値観が多様化している中，外部者が孤独死（孤立死）と安易に評価すべきでないという意見もある。2人世帯でも介護を必要とする人との2人世帯で保護責任者の突然死で2人とも死亡し，発見が遅れる事例も出てきている。遺体発見が遅れた場合，賃貸住宅の場合1千万を超える賠償費を請求され遺族が困惑する事例も増加している（現代用語の基礎知識 2013）。

　孤立死の定義は未確立であり，国の死因統計では直接把握することは困難である。厚生労働省は平成24年5月，従来の高齢者単身，高齢あるいは障害単身世帯に重点を置いた孤立死対策の対象外だった事例，すなわち世帯内の生計中心者（介護者）の急逝により，その被援助者も死に至った事案や，30～40代の家族が同居しているにもかかわらず，家族全員が死に至った事案などから，以下のように包括的な対策の強化を各自治体に指示している。
○情報の一元化
　地方自治体の福祉担当部局に生活困窮者に関する情報の一元化を要請
○関係団体との連携強化
　福祉担当部局と高齢者団体，障害者団体，民生委員などとの相互の連

携強化を依頼
○**個人情報保護の適用外になることについての理解促進**
　電気・ガス，水道事業者と福祉担当部局との連携等に際し，生命，身体，財産の保護が必要なケースでは，個人情報の提供の制限を適用しないことへの理解促進
○**地域づくりの推進等**
・分野横断的・総合的な窓口の設置や地域ネットワークの構築，民間事業者と連携した見守り事例など，自治体の優良事例を紹介
・孤立死事例の自治体による検証状況の情報提供
・孤立死対策に有効な地域ネットワークの構築やコミュニティの活用促進等の先進的な取組みについて，国庫補助を実施

　孤立死は発見された場合，遺体の腐乱も進み，その孤独と悲惨ともいえる状況に接した近隣の人々の精神，そして死生観に深くネガティブな影響を与えることは想像に難(かた)くない。孤立死という新たな社会問題を認識し，その減少に取り組むには，肉親の身近な人間関係に始まり，地域のつながり，そして国レベルの仕組みのすべてが必要とされる。それには自殺対策において国民全体の協力で，ようやく小さな光明が見え始めた経験も手掛かりとなるかもしれない。多くの複雑な制約の中で地域レベルの人間関係――ソーシャル・キャピタル（社会関連資本）――を（再）構築していこうとする地域の人々の，そしてそのような地域の活動を後押ししようとする国の強い意志が問われているといえる。

3．災害と死・死生観

（1）　災害とは
　災害は，「人と環境の生態学的な関係の広範囲な破壊」であり，自然

災害（地震や洪水や火山噴火など），人為災害（戦争や火災や交通事故や炭坑事故など），特殊災害（原発事故や原油の海洋汚染など）に大別されてきた。近年では，社会的脅威の重要性とそれへの対策の視点から，化学物質 chemical，生物 biological，放射性物質 radiological，核物質 nuclear，爆発物 explosive など汚染・被ばくの概念による分類も進んでいる。大規模な災害では戦争と並んで，日常的には考えられない程

表5-2　世界の大規模災害とその死者数（第二次世界大戦後）

年	場所	災害の種類	死者数
1948	ソビエト社会主義共和国連邦	地震	100,000
1949	中華人民共和国	洪水	57,000
1954	中華人民共和国	洪水	40,000
1965	バングラデシュ人民共和国	サイクロン	30,000
1968	イラン・イスラム共和国	地震	30,000
1970	ペルー共和国	地震	70,000
1970	バングラデシュ人民共和国	サイクロン	500,000
1971	インド共和国	サイクロン	30,000
1976	中華人民共和国	地震	250,000
1990	イラン・イスラム共和国	地震	40,000
2004	インドネシア共和国，スリランカ民主社会主義共和国，モルディブ共和国，インド共和国，タイ王国，ミャンマー連邦共和国，ソマリア連邦共和国	津波	280,000
2008	中華人民共和国	地震	約90,000（行方不明含む）

〔出典：Office of US Foreign Disaster Assistance. (1995). Disaster history : significant data on major disasters worldwide, 1900-present ; Agency for international Development, Washington DC. 2008年四川大地震を追加〕

で多くの人命が失われる。表5-2に第二次世界大戦後の世界の大規模災害とその死者数を示す。

(2) PTSDと死生観

災害の急性期を越えた時期に問題化するのが被災者に生じるPTSD (post-traumatic stress disorder) である。PTSDは災害はじめ、戦争、事故の体験、強盗やレイプなどの被害、あるいはそれらの目撃により強い心的外傷（トラウマ）を受け、これを契機にその後生じてくる精神症状を指す。PTSDは、心的外傷の直後に生じる急性反応ではなく、外傷経験から1～2週間ないし数か月後に発症する遷延反応を指し、不安・おびえ、抑うつ、異常興奮、易怒、無関心、無欲、無力感、絶望感、睡眠障害などの症状からなる適応障害とされる。1970年代に米国でベトナム帰還兵の多くが精神的トラブルを示したことから、1980年に精神障害の診断マニュアル (DSM-III) で不安障害に属する疾病概念として明記された。日本では1995（平成7）年の阪神・淡路大震災から重要視され始めた（第4章参照）。

被災者のPTSDの原因・症状は多様である。2011年の東日本大震災では、惨禍を生き残った方々における、自分だけが生き残ってしまった罪悪感——サバイバーズ・ギルト——が指摘されている。そして激甚災害を経験された方々が、「多くの遺体」を目にした事実の苛烈さは筆舌に尽くしがたい。普通の人間であれば、生涯に出会う遺体は肉親のそれのいくつかに限られる。『医療人類学入門』の著者である波平恵美子は医療人類学的な視点から、日本人は「遺体」にこだわることで死者たちとの断絶をはげしく拒否する民族であり、「遺体」からのメッセージを現世の自分とのかかわりの最終確認として渇望する心性を保持していることを述べた。「遺体」が「穏やか」であったか、そうでなかったか、

それは現世に遺(のこ)された人々の心の深層に影響を残す。

　尋ねること，語ることができず，しかし黙して語られなかったとしても，それは無かったことではけっしてない。私たちは大きな災害を通し，生の中で死を問い続ける厳しい課題に向き合っている。

学習のヒント
1. 日本人の寿命や死因の大きな傾向をふまえて，死生観を考え直してみよう。
2. 自分の死場として，自宅，病院，高齢者施設，またはほかの何が良いか，その理由は何か考えてみよう。
3. 孤立死を減らす対策を評価するためには孤立死の事例を統計的に把握することが必要である。信頼できる統計を得るための「孤立死の定義」を考えてみよう。

参考文献

岸玲子・古野純典・大前和幸・小泉昭夫（編集）『NEW 予防医学・公衆衛生学改訂第3版』（南江堂　2012）

「高齢社会白書」（平成24年版）　http://www8.cao.go.jp/kourei/whitepaper/w-2012/zenbun/

国民衛生の動向　2102／2013年版（厚生統計協会　2012）

「社会・援護局地域福祉課　孤立死の防止対策について都道府県などに通知」（厚生労働省　平成24年5月11日）　http://www.mhlw.go.jp/stf/houdou/2r9852000002aauc-att/2r9852000002aavt.pdf

波平恵美子『医療人類学入門』（朝日新聞　1994）

藤原書店編集部編『震災の思想：阪神大震災と戦後日本』（藤原書店　1995）

看取りの手引で穏やかな最期を：山形・村山保健所が具体的なケア紹介（読売新聞　2013年2月15日）

6 | マスメディアで死生について考える

山崎浩司

≪目標＆ポイント≫　死生の問題は，老いた時，病いや障害に直面した時にだけ考えさせられるものではない。人は何気ない日常生活の中でも死生について考えさせられる。特にマスメディアには死生に関する情報が溢れており，読者や視聴者は実体験せずとも，それらを死生観や人生観を問いなおすべく活用できる。しかし，そもそも死生を題材にしたマスメディアの特徴は，どんなふうに捉えられてきたのだろうか。そして，どのようにマスメディアを活用すれば，死生に関する考察を深められるのだろうか。本章では，あるマンガを題材に死生の考察の具体例を示し，最後にその手順と留意点を確認する。

≪キーワード≫　マスメディア，死のポルノグラフィー，死のガイドライン，マンガ，メディア・リテラシー

1. マスメディアと死生

（1） マスメディアとは

　マスメディアと人の人生観や死生観は関係あるのだろうか。仮に関係があるとしても，それはとるに足らない程度のものだろうか。まれに，「あの1本の映画が，私の人生を変えた」という人がいる。また，そこまで大げさでなくとも，ある小説やマンガを読んで，ものの見方が変わったという人が結構いる。つまり，経験的にいって，マスメディアと人の人生観や死生観との間には，やはり何らかの関係があるのは間違いない。

ところで，そもそもマスメディア mass media とは何だろうか。マスメディアとは，大勢の人 mass が見たり，読んだり，参加したりする娯楽である大衆文化と関連し，特定少数の送り手が不特定多数の受け手に対して，活字・音声・映像等で情報を伝達する媒体 media である。新聞，雑誌，テレビ，ラジオが一般的な例としてすぐに思い浮かぶだろうが，書籍，マンガ，アニメ，映画，CD, DVD/ビデオ等もマスメディアである。

マスメディアの特徴は，情報の送り手と受け手の間に，直接的で対面的なかかわりあいが発生しないことである。このことは，両者の間のコミュニケーションに高い自由度があることを意味する。一般的には，送り手がある形で情報を編成して発信すれば，受け手はそれをそのまま受けとるだけのような印象がある。しかし，マスメディアを介した情報伝達（マスコミュニケーション）は，非対面的で間接的であるがゆえに，そのように限定的なものではない。

とはいえ，マスメディアが情報の受け手の現実認識を形作ってしまう力をもちうることは確かである。たとえば『ER救急救命室』等米国の人気医療テレビドラマでは，銃撃や事故で救急搬送されてきた若者が，心肺蘇生により蘇生する場面が数多く描かれているため，視聴者は心肺蘇生の成功率は高いという認識をもつ。しかし，現実世界で実際に心肺蘇生の対象になるのは高齢者が多く，最終的に蘇生しないケースが多々ある。つまりこれらの医療ドラマは，視聴者が心肺蘇生を実際よりも過大評価するのに一役買っている可能性がある（Diem ほか，1996）。

いずれにしても，マスコミュニケーションの両側には，情報を送信しようとする送り手の意志と，その情報を受信しようとする受け手の興味とがある。送り手の意志と受け手の興味とが合致すると情報伝達が起こるが，既に述べたように，それは送り手の意図が受け手にそのまま伝わ

ることを保障するものではない。受け手は受信する情報について，送り手の意図に反するか意図しない解釈をする余地が十分にある。このように，マスコミュニケーションにおける情報の「受け手」は，単に受動的な存在なのではなく，「読み手」とでも呼ぶべき能動的な性質をもっているため，マスメディアが人の死生観等に「影響する」との一方行的な表現は不適切な側面がある。

（２）「死のポルノグラフィー」論

　ところで，性を扱ったマスメディア（つまり「ポルノグラフィー」）に対するネガティブな評価は，洋の東西を問わず以前からあった。だが，死を題材にしたマスメディアに対しても，ポルノグラフィーとの共通性を認める形で批判的な考察がされている。イギリスの社会人類学者ゴーラーは，1950年代に「死のポルノグラフィー」と題する小論を発表し，暴力的な死を題材にしたマスメディアの流通拡大と，それを可能にしてしまう死をタブー視する社会のあり方に対して警鐘を鳴らした。

　ゴーラーによれば，ポルノグラフィーとは「タブー視された行動を描写して，幻想・妄想を生み出そうとする」(1986, p. 204)マスメディアである。19世紀のイギリス社会において「タブー視」されていたことは出産と性交であり，死は日常に溢れていてタブーではなかった。しかし，20世紀に入ると世俗化の進展によりキリスト教の来世信仰が衰退し，人々にとって「自然死と身体の腐朽(ふきゅう)は恐るべきものとなり，もはやそれについて思いをめぐらすことも論ずることもできなくなった」（ゴーラー，1986, p. 208）。つまり，性と同じく死も口にできないタブーとなり，ポルノグラフィーの対象になって行った。

　　人間の行為・経験のあるもの〔性や死〕は，そもそも元来恥ずべき

もの・忌(い)むべきものと見なされ，かくしてそれはおおっぴらに論じられることも言及されることもなく，下卑(げび)たことをしているといった感情や罪悪感を伴う内密の経験となって行く。こうして口にできない経験は，私的空想の主題となりがちであり，この空想は，真実性が多かろうと少なかろうと，快楽多き罪あるいは罪深き快楽で満たされる。そして，ポルノグラフィー作家の空想が印刷されて形になる時，それは，空想力の弱い人々，飽くことなき欲求をもつ人々の間に販路を見出すのである。（ゴーラー，1986, p. 206）

自分自身や大切な人に降りかかって来る死（「1人称の死」や「2人称の死」）は，恐ろしくて考えることも口にすることもできないが，自分と直接関係なく距離のあるマスメディアで描き出される死（「3人称の死」）であれば，容易に口にできなくとも直視できるし楽しむことさえできる（1～3人称の死は第1章参照）——死をタブー視するようになった近代社会は，こうした態度をもった人間を生み出し，マスメディアで扱う死から「1人称の死」や「2人称の死」に付随する切実さや現実感を切り離して，それを「3人称の死」としてより楽しめるものにすべく，ありきたりでない死・過激な死を「たとえば推理小説，スリラーもの，西部劇，戦争物語，スパイ小説，SF，さらには恐怖劇画〔マンガ〕」（ゴーラー，1986, p. 209）の中で増殖させ，「死のポルノグラフィー」を拡大させて行ったというわけである。

（3）「死のガイドライン」として読む

　ゴーラーの「死のポルノグラフィー」論は，死を題材にしたマスメディアの特性を，いささか単純化しすぎているきらいがある。マスメディアで描かれるのは，本当に非日常的で暴力的な死ばかりだろうか。「1

人称の死」や「2人称の死」において感じる深い悲哀や故人に対する切実な思慕（またはそれらに近い感情）を，「3人称の死」であるはずのマンガの中の死の描写から，感じとることはありえないのだろうか。死が主題である小説を読み，命の儚（はかな）さに想いを馳（は）せて今の自分の生き方をふり返ったり，愛する者を喪う悲しみの大きさに気づかされて自分の家族との関係を見直したりした経験は，一度もないだろうか。

　これらの問いすべてに「ない」と断言できる人は，手塚治虫の一連のマンガ（『火の鳥』，『ブラックジャック』，『ブッダ』等）を読んだことがある人，スタジオジブリの一連のアニメ（『火垂るの墓』，『もののけ姫』等）を見たことがある人，『葉っぱのフレディ』や『100万回生きた猫』といった絵本を読んだことがある人，そして数限りなく存在する死を題材にした文学作品を少しでも読んだことがある人の中には，恐らくひとりもいないだろう。宗教学者の島薗　進（しまぞのすすむ）は『日本人の死生観を読む』の中で，宮沢賢治の作品等に言及しつつ，次のように述べている――

> 自らの死を予期してそれに備えること，死を間近にした経験を支えとして生きる生き方，死後の生についてまとまった考えをもつこと，死者とともにあることを強く意識する生の形，他者との死別の悲しみを重く受け止めて生きること等は，死生観を生み出す様式の主なものだ。そもそも文学作品の中にこれらのテーマはふんだんに見いだされるから，文学作品には死生観の表出として読むことができるものが少なくない。（島薗，2012，pp. 14-15）

　まったく同じことが，マンガを含むほかのマスメディアについてもいえる。そこに描かれる死生は実に多様であり，私たちが現実感を失うことなく死生を考えて行くうえで，きわめて参考になるものも数多くあ

る。それらは，いうなれば「死のポルノグラフィー」に対して「死のガイドライン」（澤井，2005）と呼びうるものである。しかし，実際にはマスメディアで描き出された死が，どちらかいっぽうにのみ分類されるわけではない。社会学者の澤井敦がいうように，「メディアがつくる情報空間において，死の情報はその情報の性質の差異に応じて，ポルノグラフィー的性質とガイドライン的性質をそれぞれ異なる強度において身に帯びながら，送り手によって生産され，また受け手によって消費されている」（2005, p. 169）。であるならば，情報の受け手／読み手の意識やアプローチ如何によって，死を題材にしたマンガを「死のガイドライン」的に読みとり，死生に関する考察を深めるために活かせるということになる。

2. マンガで死生について考える

(1) なぜマンガなのか

　数あるマスメディアのうち，今回は死生を考える題材としてマンガを取り上げる。マンガは基本的に娯楽として消費され，ルポや古典文学等と違って，気晴らしくらいにしかならない大衆文化色の濃いマスメディアであり，死生について真剣に考えるにはふさわしくないとの意見もあるだろう。しかし，マンガは文学に勝るとも劣らないほどジャンルが多様で，数多くの作品が死生を直接間接に扱っている。また，マンガは文字だけでなく画でも楽しめて娯楽度が高いからこそ，死生のような重くなりがちなテーマを扱ったものさえ，年齢を問わずとっつきやすく子供から大人まで幅広い読者を獲得している。

　実際マンガの市場規模は小さくなく，2009年のマンガ本とマンガ雑誌を合わせた推定総販売額は約4,187億円で，販売部数では全出版物の約

３割半を占めていた（全国出版協会・出版科学研究所，2010）。市場全体としては1995年をピークに年々縮小傾向にあるが，それでも相変わらずマンガを置いている書店は多く，古書としての売買も市場があるうえ，近年はDVDレンタルショップがマンガのレンタルを始めたり，小中高の学校図書館がマンガを数多く蔵書していたりする事実もある。加えて，ヒットしたテレビドラマや映画の原作が実はマンガであるケースが近年よくあることからしても，日本社会におけるマンガの存在感は現在でも薄れたとはいいがたい。

　ただし，今回マンガに注目する最大の理由は，私がマンガを好きだからである。好きだということは，それが自分の人生にとって非常に価値があり，とても大切にしたいと感じているということである。そう感じられるものから死生に関するメッセージを読みとる時，人は図らずも熱っぽくそれと向き合い，真剣に考えさせられる。したがって，死生を考える題材の選択においては，各人が自ら好んで選んだものであることが重要である。

（２）　題材『バガボンド』
　ここでは，井上雄彦によるマンガ『バガボンド』（1998年〜，2013年３月現在発刊済みのコミックスは全34巻）を題材に，どのように死生について考えられるのかを具体的に示したい。本作品は，1930年代後半に『朝日新聞』に連載された吉川英治の小説『宮本武蔵』が原作だが，『バガボンド』には，たとえば主人公宮本武蔵（以下，武蔵）のライバル佐々木小次郎（以下，小次郎）が聾唖者であるといった井上独自の設定があり，内容も井上流にアレンジされている部分が多々ある。

　この作品には，武蔵を中心に，つねに死と隣り合わせで生きる武士たちの生き様が描かれている。このことから，本作品を「武士道的な死生

観の系譜」（島薗，2012, p. 88）に位置づけることも可能だろう。しかし，剣を斬り結ぶ武士の世界を描いているからといって，それは必然的に死を覚悟した生き様の肯定や賛美をメッセージとした作品である，と解釈せねばならない道理はない。異なる読みも当然可能なはずである。以下，『バガボンド』第32巻（井上，2010）（図6-1）における関連場面の私なりの説明と解釈を示すが，それは当然ながら私自身の今現在の読みに基づくものである。

（3）　武蔵の死生にまつわる逡巡

吉岡一門との壮絶な斬りあいを何とか勝ち抜き，続いて少年時代から憧れの的であった「剣鬼（伊藤）一刀斎」に勝負を挑まれ，まさに死線をくぐりつつ剣の道まっただ中を歩んでいる武蔵。さぞかし充実した人生を送っているのかと思いきや，『バガボンド』第32巻には，武蔵が自分の生き方について激しく逡巡する様が描かれている。自分は何のために剣を振り，多くの剣士と斬り結んできたのか。そして，これからも同じことを続けるのか。続けるならば何を目指し，どこに向かうのか……。

　武蔵はふり返る。初めに剣をふり始めた少年のころ，「楽しくて仕様がなかった／夜の闇でも怖くはなかった／剣を握っているあいだは／俺の中に白い光があったから／ひとりじゃなかった／誰かが笑って見てくれていたから／名前のない誰かが――」。

　ここでいう「名前のない誰か」が何なのか不明瞭だが，その台詞のあるコマには満天の星空が描かれており，人が好きなことに没頭している時に，自我を超えてそれとの一体感を覚える何か自分を包み込む大きな感覚的存在を暗示している。そう解釈できる根拠は，自分が求めている何かを共有できる「友」だと武蔵が感じている小次郎の描かれ方にあ

る。小次郎は，意識せずとも先の大きな感覚的存在と自然に一体化できる才能をもつ者として描かれている。聾唖者であり言葉の世界に生きていない小次郎は，武蔵のように言葉で自分のあり方を問いなおさず，「全身全霊でただ斬ることの裡に在る」（図6-2）。しかし，武蔵はそうあることができない。

　武蔵は，強くなりたいと純粋に剣をふり始めた少年時代のある時，「ふと……目指す処に名前をつけて呼んでみた／『天下無双……』／なぜそうしたのだろう／誰かの真似をしてみたくなったのか／父の真似をしてみたかったのか／『天下無双……』／……少し違うような気がしたが──／強くなった気がした／気持ちよかったのでそのままにした」。

図6-1　井上雄彦『バガボンド（第32巻)』表紙（講談社　2010）

　ここで，少年武蔵の胸のあたりから，何か禍々しいヘドロのような形で顔の付いたものが「ポコ」っと出てきて，武蔵に向かって小さな声で「やあ」と挨拶する。それは，武蔵が「天下無双」を目指して人と斬りあって行く中で肥大して行くことになる，我執を表したものである。

　そしてその我執が，自分を「殺し合いの螺旋」へと導いていったことを，ある時武蔵ははっきりと自覚する。そのきっかけは，一刀斎との勝負において，吉岡一門との戦いで右脚を怪我している自分は不利だと思

図6-2　井上雄彦『バガボンド（第32巻）』より（講談社　2010）
〔以下，図6-6まで出典同じ〕　　　　　　　　　Ⓒ I. T. Planning, Inc.

った時に感じた恐れへの反省だった。「恐れは／それを覆い隠すためのやみくもの怒りを呼び……／己の強さの証明／最強という幻想への執着を呼び／それを失うことへの恐れを呼び……その循環を大きくしたもの／それが……そのまま殺し合いの螺旋――」。（この「殺し合いの螺旋」という台詞が記されたコマには，肥大した我執がとぐろを巻く巨大な龍のような形に描かれている（図6-3）。）

　武蔵は，「天下無双」と「殺し合いの螺旋」が自分の望んでいたものではないことに，気づき始めていた。そして彼は再び自問する。「さあどこへ行こう？／いやこれ以上／流浪する必要などあるのか？／何を探しに行くと言うんだ？／今を差し置いて／この瞬間という無限の空間を――」。

　突然武蔵は呆れ顔になって言葉を止める。そしておもむろにふり返る。すると，自分の横にあの禍々しいヘドロのような我執が浮かんでいて，自分を見ていることに気づく。武蔵は問いかける――「（オイ）言葉にするなよ／……／その途端に遅れてら」（図6-4）。そして，武蔵は前を向く――「今といいつつ／今にいないじゃねえか」。

　言葉を振り払うべく体を動かそうとした時，怪我をしている右脚に痛みが走り，くじけそうになる。「何の」と一息ふっと吐き，武蔵は手にしていた杖を右上に向かって薙ぐように，思い切りふり抜く。だが，また言葉が口を突いて出る――「おっさん穴に帰りてえ」。この「おっさん穴」とは，座したままミイラ化した武士（恐らく武蔵の父である新免無二斎）の遺体がある小さな洞窟で，武蔵が子どもの時からしばしば時を過ごした場所である。そこに武蔵は引きこもりたくなる衝動を覚える。

　すると我執が再び膨れ上がりながら目に入って来る。武蔵は再び独白する――「いや／それすらもすぐにただの言葉／帰りたきゃ帰りゃいい

図6-3　ⒸI. T. Planning, Inc.

第6章 マスメディアで死生について考える 101

図6-4 ⓒI. T. Planning, Inc.

／いつでも帰れる」。そして刀を抜く――「今ここで／動け／揺さぶれ／言葉を振り切れ（図6-5）／今のど真ん中にいるために」。最後のコマには，まさに「ど真ん中」で刀を思い切り振り抜いている武蔵が描かれていて，その周りはまるでその一太刀がすべてを振り払ってしまったかのように，空白が広がっている（図6-6）。

（4） 武蔵の生き様とフランクルの生きる意味

『バガボンド』第32巻に描かれた，自らの死生にまつわる逡巡の中で武蔵が後半示した生き様は，ナチスのホロコーストを生き抜いた精神医学者フランクルが，生きる意味についての問いの「コペルニクス的転回」と呼んだ思想を想起させる（2001, p.129）。

> ……もういいかげん，生きることの意味を問うことをやめ，わたしたち自身が問いの前に立っていることを思い知るべきなのだ。生きることは日々，そして時々刻々，問いかけてくる。わたしたちはその問いに答えを迫られている。考えこんだり言辞を弄することによってではなく，ひとえに行動によって，適切な態度によって，正しい答えは出される。生きるとはつまり，生きることの問いに正しく答える義務，生きることが各人に課す課題を果たす義務，時々刻々の要請を充たす義務を引き受けることにほかならない。（フランクル，2001, pp.129-130）

武蔵のように自分の生き方に逡巡する者，そして，生きること自体に意味を見いだせない者さえも，やはり納得できる人生の意味を求め，言葉の限りを尽くして自問自答をくり返す。だが，言葉が尽きると絶望してしまう。しかし，フランクルは人生の意味を問うこと自体が間違って

図6-5　ⓒI. T. Planning, Inc.

図6-6　ⒸI. T. Planning, Inc.

いるという。フランクルによれば，人生が私たちに意味を問われる存在なのではなく，私たちこそが人生に意味を問われる存在なのだ（この認識の転回が，生きる意味についてのコペルニクス的転回である）。そして，「時々刻々」と問いかけられる人生からの問いには，頭の中で言葉を連ねるのではなく，生きることそのものという具体的行動でしか答えられない，というのだ。

　武蔵が目指したように「今のど真ん中」を生き続ければ，たとえ明日待ち受ける未来が死であっても怖くはないし，死という生の終わりまでに「どのような重大な時間が，唯一の行動をするどのような一回きりの機会が，まだ自分を待ち受けているか，だれにもわからない」（フランクル，1993，p. 29，傍点は原著者）という希望（より厳密ないい方をすれば，人生の私に対する期待）さえある。

　では，とにかく考えるのをやめ，やみくもに行動すればよいのだろうか。たとえば，自死する，人を殺す，それが自分の人生の問いに対する答えだから，具体的行動に移せばよいと無条件に自らの生き方を定めてよいのだろうか。フランクルの思想をふまえれば，自死では自分に，殺人では他者に，「生きることが各人に課す課題を果たす義務」を放棄させることになるため，それらは許されない。つまり人生の意味は，たとえどのような人生であっても，死のその時まで各人が具体的に生き続けることによってしか見いだせないのだ。

　この思想は，殺しの描写が多い『バガボンド』からも実は読みとれる。武蔵は長らく「天下無双」の剣士を目指す流浪者 vagabond として生きてきた。その過程で「殺し合いの螺旋」に何度も入り，勝利を重ねたが同時に多くの者を死に追いやってきた。これは，刀に生き敗れれば死ぬという当時の剣士にとっては理に適った生き様／死に様だったはずだが，武蔵は自分と斬り結び死んでいった者たちを思い返し，これは自分

の求める剣の道ではなかったと気づいて激しく涙する。純粋に刀に生き，同じく純粋に刀に生きる者と斬り結び，高め合い，その高まりの中で一体感を覚えつつ，結果的に殺し合うことのない武士としての生き方（柳生石舟斎のいう「無刀」）――それが現実として生きられた時，武蔵の流浪は終わりを迎えるのかもしれない。フランクルの思想を参照しながらこんな風に『バガボンド』を読んでみると，今の自分の生き方をふり返り考えるヒントが見えてこないだろうか。

（5） マンガで死生を考えるための手順と留意点

最後に，マンガを使って死生を考える手順と重点を確認しておこう。

第1に，自分が読んで感動したり心が強く惹かれたりした場面やエピソードを選ぶ。

第2に，なぜその部分に自分が感動するのか，魅了されるのかを何度も読み返して考える。

第3に，その心動かされた部分について台詞を交えながら自分の言葉で詳細に描写する。

第4に，書籍そのほかのマスメディアで似たような感動や印象があったもの（本章ではフランクルの書籍）と照らし合わせ，どのように似ているのかを熟考して文章化する。この比較参照により，何に自分の心が動かされたのかが具体的にわかることが多い。

第5に，自分なりの言葉による筋書や説明，それらにまつわる解釈や感想（読み）を他の人に聞いてもらう。そしてフィードバックをもらい，それをふまえて再び自分の読みを検討する。他者に自分の読みをぶつけてみることで，思いもよらない意見に触れられ，しばしば自分の解釈の幅が広がる。また，偏狭で反社会的ないし非倫理的な解釈に囚われることを防いでくれる可能性も高い。特に「死のポルノグラフィー」的

な要素が多いものの場合，その内容について容易に口にすることはできないため，そこに娯楽感を高めるべく描かれているだろう劇的な死について，自分が感じたことや考えたことを他者と忌憚(きたん)なく分かち合ったり論じたりすることが難しい。そのため，どんな解釈であれ拒絶されたり否定されたりすることなく，オープンに語り合える場や機会を確保することが非常に重要である。

　第6に，メディア・リテラシーの原則に自分の読みを照らし合わせて再検討する。マンガに限らず，一見客観的に思えるニュース報道等を含むあらゆるマスメディアと付き合って行くうえで，メディア・リテラシー（マスメディアを反省的に活用する知恵）は必要不可欠である。

① マスメディアはすべて構成されたものである
② マスメディアは「現実」をつくりだす
③ 読者（視聴者）が解釈し，意味をつくりだす
④ マスメディアは商業的意味をもつ（売らんかな，が基本）
⑤ マスメディアは特定のものの考え方や価値観（主義）を伝えている
⑥ マスメディアは社会的・政治的意味をもつ
⑦ マスメディアは独自の様式，芸術性，技法，きまり・約束事をもつ
⑧ 批評的・批判的にマスメディアを読むことは，創造性を高め，多様な形態でコミュニケーションを生みだすことへとつながる（鈴木，2004, pp. 19-21）

以上の手順と留意点は，マンガ以外のマスメディアを活用する場合もおよそ有効である。

> **学習の
> ヒント**
>
> 1. 「死のポルノグラフィー」論について納得できる点と疑問に思う点を確認しよう。
> 2. フィクション（マスメディアの種類は問わない）をひとつ選び、ある場面やエピソードを「死のガイドライン」的に読んでみよう。
> 3. 2．で選んだフィクションを題材に、死生を考えるための第1から第6の手順を踏んで考察・記述・発表し、最終成果をレポートにまとめてみよう。

参考文献

井上雄彦『バガボンド』第32巻（講談社　2010）
ゴーラー，G.（宇都宮輝夫訳）『死と悲しみの社会学』（ヨルダン社　1986）
澤井敦『死と死別の社会学——社会理論からの接近』（青弓社　2005）
島薗進『日本人の死生観を読む』（朝日新聞出版社　2012）
鈴木みどり編『新版 Study Guide メディア・リテラシー【入門編】』（リベルタ出版　2004）
『2010　出版指標年報』（全国出版協会・出版科学研究所　2010）
フランクル，V.（山田邦男，松田美佳訳）『それでも人生にイエスと言う』（春秋社　1993）
フランクル，V.（池田香代子訳）『夜と霧　新版』（みすず書房　2001）
Diem, S.J, Lantos, J.D., & Tulsky, J.A. "Cardiopulmonary resuscitation on television : miracles and misinformation" New England Journal of Medicine, 334 : pp. 1578-82, 1996

7 「生と死」を生きる本人からの発信

中山健夫

≪目標＆ポイント≫　1991年に誕生した根拠に基づく医療（evidence-based medicine：EBM）は世界の医療の大きな潮流となった。それに続き，「一般論としてのエビデンス」への対照から，患者個人の内面的体験を重視するナラティブ・物語に基づく医療（narrative based medicine：NBM）が1999年に提唱され，多くの関心を集めている。今回は病気とともに生きる人々の手による「闘病記」の分析，がん患者の語りをデータベース化しインターネット上で公開する取り組みや，医療者教育への可能性などを通して，「生と死」を生きる本人からの発信という視点から死生学を考える。

≪キーワード≫　患者の語り・体験，ナラティブ，闘病記，インターネット，医療者教育

1. 医療における「エビデンス」と「ナラティブ」

　医療における近年の大きな世界的潮流のひとつが根拠に基づく医療（evidence-based medicine：EBM）である。1991年にEBMが提唱される前，医療の「根拠」は，身体の構造や生命現象の機序に関する基礎的な医学研究と，臨床家の経験の蓄積が中心であった。しかし，理論的には有効な薬でも，実際は効果がなかったり，副作用が生じる場合もある。臨床家が「これが良い」と自信をもっていても，それは一部の特殊な患者に見られた偶然の現象かもしれない。EBMは，医療における意思決定の根拠として，多くの人間を対象に行われ，病気とその原因，治療法とその結果といった因果関係を統計的手法で明らかにする疫学研究

の成果を重視する。同時にEBMは，このような一般論だけではなく，「臨床家の経験」，「患者の価値観」，「個々の患者の臨床状態や置かれている環境」を考え合わせて，より良い医療を目指すことを提案している。EBMの提唱後，しばらくの間は「一般論としてのエビデンス」のみが注目され，その他の重要な構成要素への理解が相対的に不十分であった。EBMの推進者であったT Greenhalgh & B Hurwitzはそのような状況の中，1999年に「物語りに基づく医療 "narrative-based medicine（NBM）"」を提案した。これは確率論に基づく量的な情報であるエビデンスと対照的に鮮明化した患者個人の内面的体験の表出——ナラティブ，物語，語りへの関心であり，「一般論としてのエビデンス」のみを過大視するEBMへの誤解の一部を修正するものとなった。

　医師が診療方針における意思決定のすべてを担っていた伝統的な医療の様式も，近年は社会的要請から意思決定の少なくない部分が患者側にシフトしている。そのような状況の変化の中で，「一般論としてのエビデンス」だけでなく，一人ひとりの「物語り」が重視されつつある。インターネットによって病気をもつ人々自身による情報発信が一般化し，新聞やテレビでも患者として実名で発言する人々の存在は珍しいことではなくなった。医療者をはじめ，患者を支援する人々にとっても，患者やその家族に提供可能な情報のレパートリーに，従来の医学研究に基づくエビデンスに加えて，闘病記をはじめとする患者自身によるナラティブ情報をどのように位置付けていくか，これまで以上に深い認識が求められている。

　今回は，患者として死に至り得る病気とともに生きる人々の言葉，語りを紡ぐ取り組みを紹介し，そこから見える「生と死」の境界を考えたい。

2. 闘病記をめぐって

　これまで闘病記は，社会に広く知られた存在であるにもかかわらず，その意義や可能性が研究対象とされることは限られてきた。今後，闘病記が病気とともに生きる人々——患者本人だけでなく，家族，介護者，パートナーによるものも含め——からどのように発信されているか，本人や周囲の人間にどのような意味をもつのか，同病他者にどのような影響を与えていくのか考察を深めることは，社会的資源としてのナラティブ情報充実に大きく役立つであろう。

(1)　がん闘病記の社会学的検討

　国内では，ナラティブやNBMという概念が知られる以前から，患者が病いを得てからの個人的な体験を叙述した「闘病記」の存在が広く知られてきた。闘病記を対象とした研究も看護学，社会学を中心に発展しつつあるが，特に社会学者である門林道子による『生きる力の源に——がん闘病記の社会学』は，一つの意義深い到達点であろう。以下，闘病記をめぐる生死の語りに対する門林の論考の概要を紹介したい。

　フランクは『傷ついた物語の語り手』において，病む人を病気の犠牲者やケアの受け手とする見方から能動的なものへの移行を目指し，3つの語りの類型——「回復」「混沌」「探求」の物語を提示した。「回復」とは「病いを一過性のものとみなすことで死の問題を遠ざけてしまおう」とする物語，「混沌」とは「深みを流れる病いの暗流と巻き起こされる困難に吸い込まれる」物語，「探求」とは「苦しみに真っ向から立ち向かおうとする」物語とされる。さらにフランクは，「探求」の背後に「回復」や「混沌」の語りが控えており，「探求」の語りは病む人自身の視点から語られ混沌を押しやっていること，多くの闘病記は「探求」

の物語であることを指摘した。

　門林は1995年から2005年に日本で出版された100冊のがん闘病記を分析し，フランクの提示した3つの語りに，新たに「衝撃」と「達観」の視点を加え，5つの類型化を行った。「衝撃」の語りは，「突然，どうしても越えられないような壁にぶちあたり，心に大きな打撃を受ける」ものであり，「達観」の語りは，「自らの現状を見据え，死を覚悟，超越したときに生まれる」ものとした。さらに，「回復」はフランクのいう「病いを一過性のものとみなすことで死の問題を遠ざけよう」とする回復と，医師から治癒を告げられた安堵からくる語りの2つがあること，病名・病状の告知が一般化した2000年前後の闘病記には，前者の語りは比較的少ないことを指摘している。後者は，長期にわたる治療が成功して医師から完治を宣言された場合にもたらされる語りで，安堵の体験を同病の他者に伝えて役立てたいとの思いが強いが，このような物語の記録は限られている。それに対して，個々の部分では衝撃や混沌など多様な語りを含むが，全体的には探求の物語としての印象を与える闘病記が多い。

　「探求」の語りでは，初期治療から再発，さらに終末期を通して病いとの向き合い方，自らの生き方，家族や他者とのかかわり方などが模索されている。そこでは，これまでの人生の回顧，周囲への感謝，限られた生命の中で自らの生きる意味を見出そうとしている姿が描かれている。闘病記がもっとも多く書かれているのは，この初期治療後と終末期である。門林は闘病記の7割がこの「探求」の語りであり，フランクの報告との一致を述べている。

　「衝撃」は，がんを告知された瞬間を記す語りにもっとも多く現れ，「頭の中が真っ白」という冷静さを失った状況が語られる。治療成績が向上した今でも多くの当事者にとってがんは「死」を意識させる病いであ

り，がんの告知そのものが衝撃となると同時に死生観を自問するきっかけとなる（第3章参照）。そこでは「なぜ自分に？」という不条理感や腹立たしさ，敗北感，そして「誰にもわかってもらえない」虚無感が語られる。特に可視的な身体部分を切除せざるをえない時，病状が急速に進行し終末期へと向かう場合には闘病記全体が衝撃の物語としての印象を強める。再発や転移が明らかになった場合でも，落胆からの回復が難しく，「混沌」状態に陥る様子が闘病記で語られている。

　フランクは，「本当の混沌を現に生きている人々は言葉によって語ることができない」「語ることができる混沌は，すでに距離を置いて位置づけられており，回顧的に反省されている」としているが，闘病記の書き手の多くは「日記が書けないほどであった」と混沌の体験を振り返っている。同様の記述は，死を覚悟させざるをえなくなった場合にも見られるが，職業と結びついた身体や機能の欠損（アナウンサーが声を失うなど）が生じる状況でも起こりやすい。混沌の語りは，再発や転移の不安の中で，いわゆる「がんノイローゼ」として現れる場合も少なくない。

　「探求」に次いで多いのが，「達観」の語りである。これはがんの告知が広がった2000年前後に，病名や病態，そして余命も含めて医療者から本人に情報が提供され，社会一般で入手可能となった知識と対比できるようになって生まれた語りといえる。その語りの中心は，がんとある程度長い間向き合い，再発，転移のたびに手術を重ね，そのつど死を覚悟し乗り越えてきた人々である。終末期に至って探求から達観へと移行したような闘病記も多い。医師や学者など，自らの病状を受けとめ，理解できるような人々，そして興味深いことに，それまでの生活を十分楽しんできたと自認している人々には，終末期への道程が短い場合でも達観としての語りが多い。

　以上5つの異なる語り——「回復」「衝撃」「混沌」「探求」「達観」——

を生じさせるのが，語り手の死との距離，死とのかかわり方・捉え方，死の排除と受容という死への意識の違いであろう（表7-1）。死を遠ざけたい思い，あるいは遠ざかったことによる安堵の回復，死を意識せざるをえない状況で生じる衝撃，死がさらに接近し混乱の深みに陥る混沌，死を拒絶せず視野に収めようとする探求，そして死を常に隣接状態として覚悟することで達観が語られていく。2000年代からの闘病記に見られる探求や達観の語りの増加は，かわいそうなもの，気の毒なものと社会で受けとめられてきた闘病記の大きな変化であろう。闘病記は，患者自らが病いと向き合うことで，他者にとっても（時には勇気をもたらす）生き方の参考書としての役割を担いつつあるといえる。

表7-1 5つの語りと「死」の関係（門林）

	死との距離感	死の捉え方	語りの発生時期
回復 安堵	遠ざけたい 遠ざかる	ネガティブ	告知前 治癒
衝撃	意識し，ショック	ネガティブ	告知・再発転移・器官切除
混沌	死が現実味をおびる	ネガティブ	再発転移・治療の限界・生きる意味を見失ったとき
探求	常に視界内	ポジティブ	初期治療後・再発・転移後の寛解時・終末期
達観	受容 覚悟（隣接）	ポジティブ	長期にわたる闘病終末期

〔出典：門林道子『生きる力の源に――がん闘病記の社会学』（青海社　2011）〕

（2） 乳がん闘病記の内容分析を通して

　図書館関係者，看護師を中心とする闘病記研究会は闘病記の特性を明

らかにするため，「がん患者の悩みに関する静岡分類」を利用して，国内で出版された乳がん闘病記全180冊の内容分析に取り組んでいる。静岡分類は，厚生労働省の「がんの社会学」合同研究班（代表者・山口建）が，2003（平成15）年にがん患者7,885人の協力を得て実施した「がん患者の悩み」に関する全国調査の結果に基づいて作成された15（現在16）大項目，35中項目，129小項目，623細項目の分類である（http：//cancerqa.scchr.jp/）。

 1．外来　2．入院・退院・転院　3．診断・治療　4．緩和ケア　5．告知・インフォームドコンセント・セカンドオピニオン　6．医療連携　7．在宅療法　8．施設・設備・アクセス　9．医療者との関係（現在の病院）　10．医療者との関係（以前の病院）　11．症状・副作用・後遺症　12．不安などの心の問題　13．生き方・生きがい・価値観　14．就労・経済的負担　15．家族・周囲の人との関係　16．がんの予防・がん検診・がんの疑い

　闘病記の内容分析で得られた興味深い知見のひとつは，静岡分類によるさまざまながん患者の悩みの中で，闘病記には特に「13．生き方・生きがい・価値観」の内容が多く含まれていることである。1970年，Science誌にEngelは従来の生物学的・医学的モデルを越える新たな視点として「生物・心理・社会モデル"Bio-Psycho-Social model"」を提示した。さらに九州大学心身医学の初代教授である池見酉次郎は，Engelモデルに第4の視点として「実存（生きる意味・生きがい"Ethical/Existential"」を加えた「全人的医療モデル」を提示した（心身医学　1982）。闘病記で語られる「自分ががんになった意味」「がんとともに生きる意味」は，まさにこの「実存」の領域に当たる。2006年のがん対策基本法

の成立以後，がんと診断された人々の「生物・心理・社会」なニーズに対して，医療者側から患者・家族・国民に提供される「正確な情報」が充実しつつある。そのいっぽうで，社会に広く存在する闘病記は，医療者では提供できない「実存的な問い」に向き合う時，人々にとって貴重な患者視点の情報源となる可能性がある。

3. インターネットでの語り・ナラティブ情報

（1） DIPEx（ディペックス）の誕生と発展

2001年に英国オックスフォード大学プライマリケア学科が，世界に先駆けて開設した「患者体験」のデータベースが"Database of Individual Patient Experiences"――DIPEx（ディペックス）――である。このサイトでは，がん，心臓病，てんかん，うつ，糖尿病，HIV，がん検診，出生前診断など，さまざまな病気や検診などの体験約50種類が集められており，2,000人を超す人々の語りが音声や映像として収録され，その一部がインターネット上で自由に閲覧できる。

このサイトの目的は次のように考えられている。

・患者が体験者の語りから，病気に立ち向かう勇気を得たり，治療法を主体的に選択したり，生活上の工夫を学べる
・家族や友人が，患者さんの気持ちを理解する手掛かりが得られる
・医療者や医療系の学生が，生物医学的な疾病の知識だけでなく，文化社会的な"病い体験"の理解を深められる
・患者のニーズを医療政策や行政に反映させる

またディペックスのサイトは以下のような特長をもっている。

・ビデオインタビューのクリップをWEBサイトで配信〜患者の生（なま）の語りに触れることができる
・トピックごとに語りが分類されているので，利用者が必要とする情報を検索しやすい
・個々の疾患について，年齢や居住地，治療の種類など，多様な経験を集めて紹介しているので，利用者が自分に似た人を探しやすい
・専門医や患者会スタッフなどその疾患に詳しい人々が語りの内容をチェックすることにより，情報の質が担保されている

　ディペックスは質的研究手法を用いて，多くの人々から語りのデータを系統的に収集・編集・解析している。年齢・病期・治療法・居住地等による体験の多様性を知るため意図的サンプリングという方法が採られている。得られたデータは質的データ解析補助ソフトを用いて解析され，重要なトピックが抽出される。既定のトピックだけを面接者が質問して答えを得るのではなく，語り手の「物語」の中からトピックを抽出することを重視している。ひとつの病気に関して30〜50人を対象に自由度の高い半構造化インタビューが実施され，その語りの映像・音声を編集して数百個のクリップが作成され，トピックごとに分類してインターネット上でデータベースを構築している。現在，ディペックスは病気をもつ本人である患者（patient）に限定せず，患者の家族の問題や予防医学的な領域も含めてHealthtalkonlineとYouthhealthtalkのサイトに分かれ，取り組みが拡大している。運営母体のディペックスは英国の登録慈善団体（registered charity）であり，かつ保証有限責任会社（company limited by guarantee）である。
　日本国内でも有志が英国ディペックスとの連携を進め，2009年にNPO法人「健康と病いの語りディペックス・ジャパン（以下ディペックス・

ジャパン）」が発足し，英国ディペックスの正式の国外パートナーとして，国際組織である DIPExInternational にも参加している。

4.「生と死」を生きる本人から

　ディペックス・ジャパンは，厚生労働科学研究補助金によって実施された患者インタビューをもとに，2009年に乳がん（50人），2010年に前立腺がん（49人）の方々の語りを，多くは動画とともに公開している（図7-1　http://www.dipex-j.org/）。以下では公開されている乳がんと前立腺がんの方々の語りから，「生と死」にかかわる内容の一部を紹介する。

....

副作用で気持ちが萎えて，闘う意欲がなくなるのは嫌なので，抗がん剤治療をいったん止める決意をした

乳がんインタビュー19　診断時：32歳　インタビュー時：34歳（2008年7月）
東北地方在住。
2005年秋，左乳がんが見つかり，乳房温存術＋リンパ節郭清，術後抗がん剤，放射線療法，ホルモン療法を受けた。1年後に転移。骨転移にゾメタの点滴治療を開始，肝転移にラジオ波治療を行った。その後，抗がん剤治療も開始したが，自分の意思で抗がん剤を中止した。一人暮らしで看護師をしている。

　何が，私は，抗がん剤で嫌だったかというと，気持ちが落ち込んじゃうのが嫌なんですね。副作用はそんなにタキソテールの場合は，まあ，白血球が落ちるとか肝機能（の値）が上がるとかいろいろあったんですけど。吐き気がなかったから，だいぶ楽かなあっていうふうに思っていたんですけど。でも，やっぱり抗がん剤の治療をやっているうちは，気

持ちがどうしてもこう落ち込んじゃうんですよ．で，抗うつ剤のお世話になりながら，パニックを起こしながら，こうやって，あと1年ぐらい抗がん剤の治療を続けていけるのかって，またそこで自問自答して．まあ，いったん止めて，自分の自己治癒力にかけてみたいなという気持ちになってきたんですね．で，自分の中では，やっぱり戦う意欲とか，前に進もうっていう力が，何か気持ちが，こう萎えてしまうのが，すごく恐ろしいことだと思うので，「いったんここで止めたいんです」って，主治医のK先生にお話ししたらば，K先生は，「まだ，若いしね，体力もあるし，1年ぐらいは抗がん剤をやったほうがいいと思う，僕は」って最初言われたんですけど．でも，私が，「もう，頑張れないです」って．「いったんここで止めてみたいんです．お願いします」っていうことで，私がお願いしたら，「あなたがそういうふうに決めたんだったら，応援しましょう」っていうことで，理解してくださったので．

....

死を笑って迎えられたらいいと思う．死を当たり前のこととして，淡々と使命に燃えて生きられればいいが，そこまでは行けず悩んでいる（音声のみ）

　　前立腺がんインタビュー03　診断時：50歳　インタビュー時：52歳（2008年3月）
　　2006年4月に検診がきっかけで前立腺がんが見つかった．グリーソン・スコア9と悪性度が高く，全摘除術を勧められたが，勃起神経温存を希望し，ほかの治療方法を求めて情報を自力でかき集め，最終的には勃起神経温存の全摘除術を受けた．しかし術後PSAが1.1と高く，がんが残っている可能性を指摘され，化学療法とホルモン療法を開始．今後，本格的なホルモン療法を開始するか検討している．妻と小学生の子どもがいる．

　まあ，ちょっと夢なんですけど，死を笑って迎えられるっていうか．

あるいはそれ，そのことを解き明かしたいっていうか，それを，何ていうかな。別に死ぬことを恐れないっていうことをできれば，すごくいいなっていうか。あるいは，そういうことを，うん。まあ非常に難しいことかとは思いますけどね。人類史上，もっとも傑出したといわれる釈迦ですら，有名な生老病死っていう4つの苦しみを言ったということは，多分，彼も死ぬことは苦しいことだということは知ってたっていうか。

「文藝春秋」がずーっとね，そういうがんで死ぬような人のこととかを特集してましたけども，やっぱりかなりそういう偉い人がいてですね，医学部の先生ですけども。公衆衛生の有名な先生ですけども，何か胃がんか何かってわかって，まあ，それから1年ぐらいで亡くなるんですけど，当たり前…別にそれは，ごく死は当たり前のことだと。誰もが通ることやということで，最後まで淡々と，全力で仕事された。そういう方は結構いらっしゃるんですけどね。なかなかそこまで，残った人生をとにかく使命に燃えて生きれるかっていうと，今ちょっとそこまでいけてなくて，うーん，むしろ自暴自棄になるとこまでいかないにしても，意欲という意味では，うーん，落ちているかなと。限られた時間しかないっていう中でどうしたらいいかっていうのを，ちょっと，うん。悩んでるかなってとこですかね。

....

「生と死」を生きる本人の言葉，語りはいずれも重く，安易な気持ちで論評の対象にすることはけっしてできない。ディペックス・ジャパンの別府（理事長）・佐久間・射場らは，それぞれの語りの深さとともに，その重要な意味のひとつとして，「語ることで病気とともに生きていく術を発見したり，死が目前に迫っていても，残された時間を豊かに生きる力を獲得する。ほかの患者のために何かをするという喜びに加えて，

第7章 「生と死」を生きる本人からの発信 | 121

図7-1　NPO 健康と病いの語り ディペックス・ジャパン
(http://www.dipex-j.org/)

語ること自体が語り手にパワーを与えている」ことを述べている。どのような方が，どのような表情，話し方で，これらの語りを行っているのか，多くの方々に本サイトを実際にご覧頂けることを願いたい。

5. 医療者教育における語り・ナラティブ

　ディペックス・ジャパンの目指すところのひとつは「患者の語りが医療を変える」こととされる。一線の臨床家にとって，通常経験する患者との直接的コミュニケーションとは別に，闘病記やディペックス・ジャパンのようなウェブサイトを通して患者の内的体験に接することは，新

たな気づきを促すであろう。そして医療者教育の場でも，患者の視点，価値観を学ぶための血の通った教材となることが期待される。現在，ディペックス・ジャパンの取り組みを医療者教育に活用する試みも進められており，医学・看護・薬学など30大学以上の学部教育を中心に，コミュニケーションや倫理的問題を考える貴重な「ナラティブ教材」として利用されている。書籍としての闘病記も看護学部の教育で活用する試みがある。このような「ナラティブ教材」の意義は，医療者が以下（の一端）を理解する手掛かりとなることであろう。

1．患者が医療者の前ではどのような面を見せていないか，話していないかを知る。
2．患者は医療者の思いもよらないことを感じ，考えている場合があることに気づく。
3．語りを通して「一個の人間」としての患者に接することで，医療者として内省を深める。

　医療者教育における患者の語り，ナラティブの利用は，現時点では関心を持つ一部の関係者による試みの段階である。今後，よりフォーマルな形で医療者教育にプログラム化していくための課題は何か，適切な方向性を探るためにさらなる検討が必要とされている。

　病気とともに，そして死の感覚とともに生きていく人間の語りは，医療者，そして社会にどのような意味をもたらすだろうか。患者の語り，ナラティブは死生学の構築，その学びにも少なからず影響を与えていくであろう。今後の議論の深まりを願いつつ，本章を終えたい。

> **学習の ヒント**
> 1．実際に闘病記を読んで，5つの類型を意識して考察を行ってみよう。
> 2．ディペックス・ジャパンのウェブサイトを閲覧して，人間が病いの体験を語ることの意味を，語る側，それを聞く側の立場で考えてみよう。
> 3．医療者教育において患者の語り，ナラティブを活用する具体的な方法を考えてみよう。

参考文献

門林道子『生きる力の源に——がん闘病記の社会学』（青海社　2011）
中山健夫「闘病記とエビデンス＜特集　闘病記研究会シンポジウム＞」（薬学図書館　2011；56(3)：220-224）
別府宏圀「患者の語りが医療を変える」（緩和ケア　2011；21：468-471）

8 | 老いと死

井出 訓

≪目標&ポイント≫ 本章では，わが国における高齢化の状況と社会の老いに対する捉(とら)え方とに関する理解を深めつつ，高齢者の老いや死に対する姿勢の特徴を学習する。また，エリクソンが指摘する発達の最終段階としての成熟と完成に至るプロセスを学び，英知という肯定的な意味を獲得しうる老年期を生きる人々の，老いや死に見る豊かさについて考えを深めていく。さらに高齢者が，目の前に迫る死とどのように向き合い，何を想い，いかなる最期を迎えようとしているのか。日本社会における老いの現状をふまえつつ，老いという生の成熟と，死という生の完成について考えたい。

≪キーワード≫ 超高齢社会，老いの回避，サクセスフルエイジング，成熟，豊かな死

1. 老いを取り巻く近年の状況

（1） わが国における老い

　　辰平はそっと岩かげから顔を出した。そこには目の前におりんが坐(すわ)っていた。背から頭に筵(むしろ)を負うようにして雪を防いでいるが，前髪にも，胸にも，膝(ひざ)にも雪が積っていて，白狐(しろぎつね)のように一点を見つめながら念仏を称(とな)えていた。辰平は大きな声で，
　　「おっかあ，雪が降ってきたよう」
　　おりんは静かに手を出して辰平の方に振った。それは帰れ帰れと云っているようである。

「おっかあ，寒いだろうなあ」

　おりんは頭を何回も横に振った。その時，辰平はあたりにからすが一ぴきもいなくなっているのに気がついた。雪が降ってきたから里の方へでも飛んで行ったか，巣の中にでも入ってしまったのだろうと思った。雪が降ってきてよかった。それに寒い山の風に吹かれているより雪の中に閉ざされている方が寒くないかも知れない，そしてこのまま，おっかあは眠ってしまうだろうと思った。

「おっかあ，雪が降って運がいいなあ」

　これは，姥捨て伝説をもとに深沢七郎が描いた『楢山節考』の一節である。わが国においてこうした姥捨てが実際に行われていたのかは議論の分かれるところであるが，村の掟として口減らしのために高齢者が山奥に遺棄されるそのストーリーは，生産性や社会的な貢献にばかり価値が置かれかねない今日の社会で，どのように高齢者が捉えられているのかを考える手がかりを与えてくれる。村というひとつの社会で行われる姥捨ては，村を維持していくための意思決定であったに違いない。しかし，この意思決定に，捨てられる当事者である高齢者が参加することを認められずに，村の利益だけに基づいた意思決定が下されていたのだとすれば，それは村という社会の権力構造のもとに高齢者が排除されるという差別にほかならない。

　いっぽう，禅の中では老いは尊敬の言葉として用いられているという。たとえば，「老師」という言葉は，老いて役に立たなくなった師匠を意味するのではなく，年齢が若くても立派な指導者を意味する言葉であるという。また，こうした年齢に対する尊敬の態度は，古く封建時代からわが国に見られ，中央政府の大臣にあたる人物を「老中」，総理大臣にあたる人を「大老」と呼び，個々の藩における大臣が「家老」と呼

ばれていたことは，老齢に対する尊敬の念の表れであったとされている。こうしたことは，「日本は高齢者を大切にする国」といった欧米人が抱く日本のイメージに重なる部分かもしれない。

　「初老」という言葉を辞書で引くと，それが40歳の異称であり，老境への入り口にある人を意味する言葉であることがわかる。かつて人生50年と考えられていた時代から，今や平均年齢にして80年を超える時代を迎えている。現代を生きる者にはおよそ30年あまりを高齢者という名のもとに生きなければいけない延長時間が与えられたことになる。こうした変化は，わが国が歴史上初めて体験をする状況であり，当然，高齢者として生きる人々を取り巻く状況も，時代とともにずいぶんと変化してきているに違いない。

（2）今日にみる老いのイメージ

　わが国の高齢者人口が，高齢化社会の目安とされる老年人口割合7％（総人口に占める老年人口の割合）を超えたのは1970年代のことであった。しかし今日（平成23年9月15日現在推計），高齢者人口は2,980万人（老年人口割合23.3％）にまで膨れ上がり，年齢階級別では70歳以上が2,197万人（総人口の17.2％），75歳以上が1,480万人（同11.6％），80歳以上では866万人（同6.8％）となっている。これほどに増え続ける高齢者は，口減らしのために遺棄されるべき社会のお荷物のような存在として捉えられているのだろうか。それとも，知恵と英知に富む家族や社会の宝として尊ばれる存在として捉えられているのだろうか。その捉え方は人によりさまざまであり，ひとつの傾向としてはいえても正確な答えを導き出すことは難しいかもしれない。しかし，そうした社会の捉え方が，老年期を生きる高齢者の「生」に影響を与えていることは間違いない。ひるがえってそれは，今日の高齢者が自らの死に関して何を考えて

いるのか，また考えるべきなのかを知る重要な手掛かりとなるだろう。
　わが国の社会が高齢者をどのように捉えているのかを知るひとつの手掛かりとなる資料がある。平成15年に20歳代以降の人を対象として内閣府が行った高齢者対策に関する調査の中の「年齢・加齢に対する考え方に関する意識調査」(http://www8.cao.go.jp/kourei/ishiki/h15_kenkyu/gaiyou.html) である。この中で，「何歳以上の人が『高齢者』『お年寄り』だと思うか」という問いに対して，「およそ70歳以上」との回答が48.7％ともっとも多く，「およそ65歳以上」が18.5％，「およそ75歳以上」とするものが12.9％と続いている。また，「どのような時期からが『高齢者』『お年寄り』だと思うか」という問いに対しては，「身体の自由がきかないと感じるようになった時期」との回答が39.8％と約4割を占め，次いで「年金を受給するようになった時期」が23.1％，「仕事から引退し，第一線を退いた時期」が12.3％と続いている。さらに，「『高齢者』や『お年寄り』についてどのようなイメージをもっているか」という高齢者のイメージに関する問いに対しては，「心身が衰え，健康面での不安が大きい」が72.3％と7割を超えてもっとも多く，次いで，「経験や知恵が豊かである」が43.5％，「収入が少なく，経済的な不安が大きい」が33.0％と続いていた。こうした数値を見る限り，今日の高齢者は経験や知恵に富む社会の宝というよりはむしろ，心身の衰退と健康不安を抱えつつ苦しい生活を強いられている人々であり，それゆえに介護や医療などの社会的サービスを必要としはじめた人々，といったイメージで捉えられているといっても過言ではないだろう。小谷 (2004. Life Design Report) は，40代から70代までの755名を対象に行った「死に対する意識と死の恐れ」に関する調査の中で，どのような最期が理想と考えるのかを問う質問に対し，64.6％の人が「心筋梗塞などで，ある日突然死ぬ」と回答し，そのうちの85.9％がその理由として「家族にあまり迷

惑をかけたくないから」だと回答していたと報告している。社会の高齢者に対するイメージが，「社会のお荷物にだけはなりたくない」という高齢者の思いに映し出されてきているとはいえまいか。

(3) 老いの回避

　近年，アンチエイジングという言葉がよく聞かれる。日本語に言い換えれば「抗加齢」とでも訳せるだろう。すなわち，歳をとることに抗うという意味である。しかし残念なことに，われわれが時間という流れの中に生きている限り，一日たてば一日の歳を重ねなければならず，人の加齢を食い止めることのできる科学や技術はいまだ見出されてはいない。そのため，いくら若い時の状態を維持したいと抗ってみても，加齢とともに起こる身体的な変化を止めることはできない。人は，この世に生を受けた以上，刻一刻と迫りくる死に向かい歳を重ね続けなければならない。そして，いくら抗ってみたところで，やがて歳とともに肉体は衰え，顔には皺が刻まれ，動けなくなり，人の世話になりながら最期の時を迎えなければならない。これが，この世に生を受けた動植物と同様に，われわれに与えられた摂理なのである。しかし，アンチエイジングという言葉だけが独り歩きし，人間の宿命である老い，さらにはその先の死を忌むべきものとして退け，あたかも回避できるかのようにやみくもに健康や若さの維持にだけしがみつきながら現実逃避をしているのであれば，そうした在り方には注意を喚起する必要があるだろう。精神科医の竹中星朗は，「健康であることは望ましく，病気を予防する取り組みも大切であるが，それが80歳，90歳を生きることの中心的な課題なのではなく，その人がそれまでの生にふさわしく生きることを模索」することが重要だという。それは，しっかりと老いや死と向き合いつつ，自らの生を考えていくことの重要さの指摘といえるだろう。

アンチエイジングとともに，「ピンピンコロリ」という言葉も近年よく聞くようになった。ピンピンコロリとは，年老いても元気よくピンピンと過ごし，最期は寝込まず人の世話にならずにコロリと逝くことの表現である。高齢者が「最期の時はできる限り家族の負担にならないように」と考えるとき，その多くはこうしたピンピンコロリといった最期を願っていることが多い。前出した小谷の調査における「心筋梗塞などで，ある日突然死ぬ」という状況は，まさにこうしたピンピンコロリを表している。調査結果で示された回答者数の多さにも見てとれるように，近年この言葉は，時に高齢者の願う生き方（逝き方）を表す掛け声のようになっているといっても過言ではない。しかし残念なことに，本当にピンピンコロリと逝けるのは一握りの人でしかない。われわれの多くは，年を重ねるとともに衰え，最期は人の世話になりながら死を迎えざるを得ない。元気に過ごしてコロリと逝く老いを目指すことを否定はしないが，現実的に衰えゆく我が身のあり様から目をそらし，さらにはその先に待ち受ける死への思索をいつまでも先送りにしていたのでは，われわれは人生の締めくくりに向かう準備をいつまでたっても始めることができない。アンチエイジングやピンピンコロリといった言葉に踊らされ，自らの老いや死と向き合うことの大切さを見失っているかのようにも見受けられる近年の様相は，現代人を死という人間の宿命からますます遠ざけているかの如くに感じられてならない。

2．サクセスフル・エイジング（Successful Aging）

（1） 豊かな老いの条件

1987年，アメリカの老年学者であるジョン・ロー（John Rowe）とロバート・カーン（Robert Kahn）は，サイエンスという科学雑誌に Human

Aging : Usual and Successful というタイトルの論文を載せ，その中でサクセスフル・エイジングという考え方を提唱した。サクセスフル・エイジングを日本語にするならば，「豊かな老い」とでも訳すことができるだろう。この中でローとカーンは，「普通の老い」と「豊かな老い」とを区別し，サクセスフル・エイジングを実現するための3要件を提示した。3つの要件とは，「病気や病気に関連する障害が生じる可能性が低いこと」「認知機能・身体機能の水準が高いこと」「日常生活への積極的な関与が維持されている」ということであり，それらがそろった生き方こそが豊かな老いを実現するものであるとされた。その後，サクセスフル・エイジングに関する研究はさまざまな分野において行われるようになり，人々のライフスタイルを変える大きなインパクトを与える事となった。

　しかしながら，老いの過程にある本人がどれだけ自分の人生を幸福だと感じているのかということと，豊かな老いの条件として示された3要件とが常に一致しているわけではない。つまり，たとえば慢性疾患を患っていることによって身体機能の水準が低い人であっても，自らの人生は幸福であり，豊かな老いを過ごしていると感じている人はいるはずである。特に近年，80代，90代の高齢者数が増加する中で，自立して社会に貢献できる屈強な高齢者ばかりが増えてきているわけでないことは明らかであり，かつて示されたサクセスフル・エイジングのモデルに当てはまらない豊かな老いの在り方を考えていくことが重要となってきている。すなわち，多様な高齢期の生き方を画一的な豊かさの枠にはめて規定するのではなく，多様な老いを生きる一人ひとりの高齢者が，自分らしく歳を重ね，老いを積極的に迎えていく在り方を求めていくことが必要となってきている。

（2） 豊かな死の条件

　それでは，今日の高齢者は自らの死に関して無関心なのだろうか。奥（1999）の調査によると，高齢者の約8割は自分の死について考えたことがあると回答している。また『死生学のすすめ』などの著者である山本俊一は，「老人は死に隣接しているがゆえに，死に対する意識的および無意識的反発が極めて強」い，と指摘する。すなわち，高齢者は身体的な衰えや社会の中における役割の変化などから日常的に自らの死と同居しているがゆえに，死を思う意識と，意識に上がることへの反発との双方が共存する状況にあると考えられる。また，2013年現在，100歳を越え医師として活躍する日野原重明は，人の死に対する姿勢は，講演会に来て会場に座っている人たちのようだ，という。それは，全員演者に向かって座っているように，誰(だれ)しもは死に向かってはいるが，見ている方向は，演者，すなわち死を見ている人もいれば，あさっての方向を見ている人もいる。見ている方向は，一人ひとりまちまちだ，というのである。高齢者の8割が死について考えたことがあるとはいえ，死に対する意識は積極的なものばかりではなく，考える事をできるだけ避けて通りたいと願う者もいるということだろう。

　しかし，サクセスフルなエイジング，すなわち豊かな老いという生に目を向けていくのであれば，当然のこととして，最期の死をいかに迎えるのかという締めくくりを抜きに語ることはできない。豊かで充実した老後を送ったが，最期はみじめな死を迎えました，という結末を望む者はいないだろう。つまり，サクセスフル・エイジングは，有終の美を飾るべきサクセスフル・ダイイング（Successful Dying：豊かな死）なくしては成就しえないといっても過言ではない。それでは，豊かな死の条件とはいかなるものであろうか。理想の最期に関する小谷の調査の中でもっとも多かった回答は「心筋梗塞などで，ある日突然死ぬ」とした

64.6％であったが，これに続く回答は，「病気などで多少寝込んでもいいから，少しずつ死に向かっていく」とする31.7％であった。興味深いのは，突然死を理想とした者の理由の第1が「家族にあまり迷惑をかけたくないから」で85.9％，「苦しみたくないから」との理由が62.3％で2番目であったのに対し，少しずつ死へ向かう最期を理想とした者の理由としてもっとも多かったのは，「死ぬ心積りをしたいから」という理由で67.8％であった。どのような思いを強く抱いているのかによって，理想とする最期の形に違いが生じてくることはごく自然のことであろう。何を豊かさと捉えるかは，人それぞれに異なっている。人の「生き死に」に関する豊かさの条件を画一的な枠にはめることは意味がない。しかし，「人は生きてきたように死んでいく」と金城学院大学の学長であり，ホスピス医として死を見つめてきた柏木哲夫（『安らかな死を支える』）が言うように，生と死とを切り離して考えることはできない。その人の生き方はすなわち，その人の死に方でもある。豊かな死の条件を満たしていく第一歩には，多様な老いを生きる一人ひとりの高齢者が，自分らしく歳を重ね，自らの死に対しても積極的に向きあう生き方を求めていくことが必要だろう。自らの老いや死を回避する生き方の先に，自らの死に対する豊かさを見出すことはできないはずである。

3. 老いと死への意識

（1） 年をとること・老いること

　堀（1996）が行った大学生と高齢者の老いと死に対する意識調査によると，大学生は年をとることと老いることを異なった現象として捉えているのに対し，高齢者は両者を同じ現象として捉えていたと報告している。また若者と高齢者とが思い浮かべる死の形態については，大学生の

場合，事故や自殺，テレビや小説などで扱われる死，ペットの死などを思い浮かべることが多いのに対し，高齢者の場合には，老いや病いなどにつながった具体的な死が連想されることが多かったとしている。われわれの人生には，過去から現在，そして未来に向かい刻まれていく時間という流れの中で，確実に起こりうるいくつかの出来事がある。たとえばそれは，生命の誕生から出生，そして新生児期，幼児期，学童期と続いていく発達プロセスの中で年を重ねていくということもそのひとつであり，その同じ直線上で迎える老いも，確実に起こりうる出来事のひとつである。しかし，そのプロセスのどこに足場を置き生きているのかの違いにより，それぞれの捉え方は変わってくる。

『長寿学』の著者である藤本大三郎は，人生の後半には3つの大きな出来事が待っているという。第1は仕事からの引退。第2は介護が必要となる日がやってくるということ。そして第3が死を迎えることである。しかし，定年に関しては，誰もがかならず経験する出来事かといえば，専業主婦や自営業者など，定年のはっきりしない人たちもいる。また，介護の必要に関しても，ピンピンコロリとその日を迎える人もいないわけではない。しかし，多くの人の場合においてこの3つの出来事がこの順番でやってくるのだと藤本はいう。そして，介護が必要となる日を迎えるコースには，大きく分けて老衰コースと認知症コースとがあるという。老衰コースの場合には，まず歩行障害によって移動に介助が必要となり，その後，食事の介助，排泄の介助が必要となり，最後には医学的な栄養管理のもとに置かれるようになるという。また，認知症コースの場合には，歩行や移動の介助よりも先に排泄の介助が必要となることが老衰コースとの違いだと指摘する。いずれのコースを辿ることとなり，こうした普通の老いをわれわれの多くは経験したうえで，その次の出来事である死を迎えていくのである。すなわち，藤本のいう人生後半

の3大事は，誕生から続く発達の最終局面としての「老い」という出来事と，発達の終着点としての「死」への直面を意味している。若者と高齢者の老いや死に対する捉え方の違いは，高齢者がより具体的，かつ日常的に老いや死と直面しているがゆえの捉え方の表れであるといえるだろう。

(2) 発達の最終局面としての老いと死

　E. エリクソンは，生涯発達の観点から人のライフサイクルを乳児期，幼児期初期，遊戯期，学童期，青年期，前成人期，成人期，老年期の8段階に分類し，それぞれのステージにおいて果たさなければならない特有の役割を示した。そして，第8の段階にある老年期においては，統合 vs 絶望というテーマを付し，いままでの人生における肯定的な部分も否定的な部分も，それぞれを統合して受け入れて死を迎えることができるかどうかが課題であるとした。人生の統合がうまくできないと，後悔や絶望に捉われて死を受容することができなくなり，うまく熟すれば「死そのものに向き合う中での，生そのものに対する聡明かつ超然とした関心」である英知を身につけることができる，としたのである。

　しかし，時代とともに医学や環境衛生などが進化したことで，近年の寿命はかつて40歳を初老と呼んだ時代と比して格段に伸長した。そして，80代，90代を生きる高齢者の姿が珍しくなくなる中で，仕事の引退から介護を必要とする日を迎えるまでの時間をいかに生きるのかも，人生後半の大きな出来事となりつつある。E. エリクソンの妻，ジョアン・エリクソンは，自らが90代を目前にした時に，同じ老年期といえども80代，90代には異なる新たなニーズがあるとの自覚から，老年期に新たな第9の段階を設定した。彼女はその著書の中で，この時期になると人の身体は弱り始め，強さとコントロールを維持しようと努力をしても身体

は着実にその自律性を失い，第8の段階で出没し始めた絶望が，第9段階では切っても切れない道ずれとなるとしている。そして，それは身体能力の喪失をもたらすような緊急事態が，いつやってくるともわからない不安を打ち消せないからだという。老年期にある高齢者は，まさに老いと向き合いつつ，年齢とともに日常的に具体的な自らの身体的衰えと，その先にある死を知覚するといえるだろう。

（3） 高齢者の死に向かう態度

日常的に自らの死と同居する老年期の高齢者には，自分の死を恐怖する傾向と，逆に死を受け入れやすくなるという2つの方向性があるとされ，こうした矛盾が見られることが老年期の特徴であるともされる。山本俊一は，人の死に対する思いにはまず恐怖があるという。しかしそのいっぽうで，たとえば森鷗外は，自分はこのままで人生の下り坂を下って行き，下り果てたところが死だということを知っているという。そして，老年になるに従って増長するという死の恐怖が自分にはなく，死をおそれず，死にあこがれもせず，と自らの心境を語っている。

こうした死に対する態度が両極に分極する理由としてユングは，老人には早くから死ぬ覚悟のできている人と，できていない人がおり，できている人は老年期になっても生き生きと生きることができるが，できていない人は最後まで死を恐れながら死んでいくのだと説明する。このことは，エリクソンが示した第8段階における統合 vs 絶望という2つの対峙とも似ている。つまり，死に対して覚悟ができているか否かということは，自らの死について考えを深めてきたのかどうかということであり，それはまさにエリクソンが示す，いままでの人生の肯定的な部分も否定的な部分も，それぞれを統合して受け入れることで死を迎えることができるか否かという老年期のテーマにつながっているのではないだろ

うか。
　それでは，日常的に自らの死を知覚する中で，本当に多くの高齢者が自らの死を恐怖する傾向が強いのだろうか。前出の堀による調査では，死に対する恐怖に関する質問に対し「死が恐ろしい」と回答した大学生が全体の77％であったのに対し，高齢者では52％と死への恐怖に関する差が表れていたと報告している。また，前出の小谷による調査でも，「死ぬことが恐い」と回答した者の数は，年齢が上がるとともに減少したと報告している。こうした結果をふまえて見ると，必ずしも高齢者の中に死を恐怖する傾向が強いわけではないことがわかる。
　小谷の調査ではさらに，「死ぬことが恐い」と回答した者よりも，「苦しんで死ぬのは恐い」と回答した者の数が上回っていたことから，死そのものへの恐怖よりは，死に至るまでの苦しみや痛みに対する不安や恐怖があるのではないかと考察している。同様の結果は河合ら（1996）の研究でも得られており，高齢者は死そのものよりも苦しむことを恐れていることが示されている。今日の高齢者に見られる死を恐怖する傾向とは，死そのものへの恐怖ではなく，終末期に経験するかもしれない闘病生活や，死ぬ瞬間に訪れるかもしれない苦痛など，死に至るプロセスに対する恐怖の傾向と考えられる。河合らの調査ではさらに，高齢者の死に対する態度を4つの側面から分析し，死後の世界への期待からくる積極的な受容，また死によって現在のつらい状況を逃れられると考える回避的受容，さらには命ある者はいずれ死ぬという客観的事実からくる中立的な受容という3つの尺度が，高齢になるほど高くなったことが示されている。高齢者の死に対する態度には，死に伴う苦しみへの恐怖があるいっぽうで，死を受け入れるようになる受容的態度も形成されるようになることがわかる。また，高齢者に見られる死の受容には，異なる意味合いでの受容レベルがあることも理解できるだろう。

4．老いと死を取り巻く課題

（1） 死の現実

　高齢者の死因となった疾病を死亡率（高齢者人口10万人当たりに対する死亡者数の割合）別にみると（平成23年版高齢社会白書），2009（平成21）年においては「悪性新生物（がん）」が952.3ともっとも高く，次いで「心疾患」が555.7，「脳血管疾患」376.2の順になっており，これら3つの疾病で高齢者の死因の約6割を占めている。また，老衰が死因の上位となるのは，95歳以上（3位）であることがわかる。すなわち，平均寿命を超えて95歳ぐらいまで生きるとすれば，老衰といった穏やかな死を迎えられる可能性もないわけではないが，多くの高齢者の場合には何らかの疾患を患うことが原因となって死に至ることとなる。

　また，平成9年版の高齢白書をみると，高齢者が希望した死亡場所の約9割（89.1％）が自宅であったが，そのうち実際に自宅で亡くなったのは33.1％であり，病院で死亡した者は66.3％であったと報告している。さらに，2010年の人口動態統計から65歳以上の高齢者の死亡場所を見てみると，病院が全体の78.9％であるのに対し，自宅は11.5％となっている。こうした状況をかんがみると，今日の高齢者が迎える死は，何らかの疾患を患いながら病院で最期を迎えるケースが多いといえる。すなわち，今日の高齢者が最期を迎える時には，何らかの形で医療がかかわりをもつこととなる。

（2） 尊厳死

　どのような疾患を患うのかを選ぶことができないように，人は自らの死の訪れを拒否することも操作することもできない。しかし，死そのものに対する恐怖よりも，死に至るまでの苦しみや痛みに対する不安が高

かったように，どのように最期を迎えるかという死の在り方に関しては，自分自身の思いを語り，選択し，実現させていきたいと願う者も多いだろう。1981年に出された患者の権利に関するリスボン宣言では，「患者は，人間的な終末期ケアを受ける権利を有し，またできる限り尊厳を保ち，かつ安楽に死を迎えるためのあらゆる可能な助力を与えられる権利を有する」（日本医師会 HP より）と記されている。また，日本尊厳死協会では，「傷病により『不治かつ末期』になった時に，自分の意思で，死にゆく過程を引き延ばすだけに過ぎない延命措置をやめてもらい，人間としての尊厳を保ちながら死を迎えること」が尊厳死であると定義し，尊厳死が人の権利としてあることを訴えている。どのような場所で最期を迎えるのであれ，またどのような疾患が死因となるのであれ，高齢者自身が自らの死に際し，できる限り人間としての尊厳を保ちつつ最期を迎えることができるよう，彼らの権利が護られていくことが望まれる。

（3） 高齢者の意思

しかし，疾患を患いながら最期の時を迎えるまでの療養期間中には，さまざまな選択を迫られることがある。たとえばそれは，どこで療養生活を送るのかという場所の選択であったり，食事のための管を胃に入れる胃ろうの造設であったり，また急変時の延命医療などに関する判断であるかもしれない。特に，病院に入院をして最期を迎える状況を考えるならば，そうした医療行為に関する選択の岐路に立つことも多いだろう。患者には誰でも，自らの疾病や状態，また受ける医療行為に関して知りたいことを知る権利があり，治療方法などの選択肢を自分で決定する権利がある。これは，インフォームド・コンセント（informed consent）といわれ，説明をしっかりと受けたうえでの同意という意味があ

る。しかし，疾患や年齢的な衰退の過程にある高齢者が自らの意志を明確に示すことが困難な場合は多い。また，認知症などにより適確な意思表示ができないこともあるだろう。さらには，家族に迷惑をかけるからなどの理由から高齢者自身が周囲に気兼ねし，自らの思いを後回しにする場合も少なくない。こうした場合，意思の決定は家族に委ねられるのがわが国においては一般的である。しかし，必ずしも家族の意志が高齢者本人の意志を表してはいないこともあり，かつ家族の決断に本人が納得できないでいることもある。

　自らの最期の時に，尊厳を保ちながら自らの思い描く最期の時を迎えたいと考える者は少なくないだろう。リビング・ウィル（living will）は，臨死期や植物状態になった際の延命措置に対し，無理な治療の継続が尊厳ある死の妨げとならないよう，事前の意思を書面にして記録しておくものである。また，事前指示（アドバンス・ディレクティブ：advance directive）といい，予後不良の疾患や事故などによって自らの判断能力が失われた状態になったとき，自分に行われる可能性がある医療行為に対しての意向を前もって意思表示しておくものもある。自らの死に何らかの形で医療がかかわりもつことに考えをめぐらせるならば，第三者や医療にイニシアティブをとらせるのではなく，あくまで本人の意思で自らの尊厳を保ちつつ最期の時を迎えるためには何を整えておくことが必要かを考えておくことも重要となるだろう。

（4）老いと死に対する答え

　医療や福祉など高齢者ケアの現場で仕事をしていると，「その人らしさ」という言葉が用いられる場面によく出くわす。たしかに，自分らしく老い，自分らしく人生の最期の幕を引くことができればと願う人は多いだろう。それではしかし，「その人らしさ」とはいったい何であろう

か。あなたのあなたらしさとは，と問われても，せいぜい自らが考える自分の性格のひとつぐらいを答えることはできるだろうが，それが自分らしさかといえば，はなはだ疑わしい。それでは，自分らしく老い，自分らしく死ぬとはどのように生き抜くことであるのか。それは，今まで自分が生きてきたように生き，そして老い，死んでいくことでしかないように感じる。人は生きてきたように死んでいくといわれ，死にざまこそが人生であるという。また日野原重明氏は，死のパフォーマンスを自らが生きる最後の姿にしたいと語っている。「死生学」という視点から老いと死とを考える時，死とは何かという問いよりも，いかに老いという最後の時間を生き抜くかという，生の在り方に対する問いに軸足が置かれているべきだと感じる。それは，自分だけにしか生きられない自らに与えられた生を生き抜くことこそが，どのような状況で幕を閉じることになれ，老いとは何か，そして死とは何かという人生の大きな問いに対する答えを見出し得る唯一の方法ではないかと考えるからである。

学習のヒント

1. 豊かな老いの在り方とはどのようなものか考えてみよう。
2. あなたにとってのサクセスフル・エイジング，サクセスフル・ダイイングを考えてみよう。
3. エリクソンの老年期と第9の段階について調べ，学習を深めよう。

参考文献

E.H. エリクソン，J.M. エリクソン，H.Q. キヴニック『老年期』(みすず書房)
E.H. エリクソン，J.M. エリクソン『ライフサイクル，その完結』(みすず書房)

奥祥子「高齢者の生と死に関する意識調査」(鹿児島大学医療技術大学部紀要, 9, 1-5, 1999)

柏木哲夫『安らかな死を支える』(カルディア・ブックス)

河合千恵子, 下仲順子, 中里克治「老年期における死に対する態度」(老年社会科学, 17, 107-116.)

高齢白書(平成9年) 第4章「高齢化を巡る課題」(http://www1.mhlw.go.jp/wp/4-2-6.html 2013.02.05)

小谷みどり「死に対する意識と死の恐れ」(Life Design Report, 2004.5, 4-15.)

竹中星朗『高齢者の孤独と豊かさ』(NHKブックス)

内閣府「平成23年版高齢社会白書」(2012)

「年齢・加齢に対する考え方に関する意識調査結果の概要」(内閣府, 共生社会政策資料 http://www8.cao.go.jp/kourei/ishiki/h15_kenkyu/gaiyou.html 2013.02.05)

深沢七郎『楢山節考』(新潮文庫)

藤本大三郎『長寿学』(ちくま新書)

堀薫夫「大学生と高齢者の老いと死への意識の構造の比較」(大阪教育大学紀要, 第Ⅳ部門, 44 (2), 1996)

山本俊一『死生学のすすめ』(医学書院)

John Rowe & Robert Kahan : Human aging : usual and successful, Science (1987) (237) 4811, 143-149.

9 | 病い経験と「生」

井上洋士

≪目標＆ポイント≫　病いがある人は，そうでない人々に比べて，「死」を意識したりさまざまな困難に直面したりすることが多いだろう。その病い経験は，その人の「生」に混乱を生じさせ，場合によっては将来展望や生きがい感を喪失させ，精神健康を悪化させるなど，ネガティブな影響を健康面にもたらす。しかしながらいっぽうで，人生の再構築を図り，あるいはストレスをあたかも糧にするかのごとくに，家族や友人との関係の強化，自分自身の成長など，ポジティブな影響をもたらす場合も多いとされる。本章では，病い経験の中で，「病い」が「生」に対してもたらす影響について，ネガティブな面とともにポジティブな面について考えていく。

≪キーワード≫　病い経験，慢性疾患，人生の再構築，ストレス関連成長

1.「病い」という経験

　ふだん，何気なく使っている「病い」とはいったいなんだろうか。本章ではまず，「病気」や「疾患」といった用語との対比のうえで「病い」を理解していきたい。

　何らかの症状や障害が出てきている状況について，英語では，disease, sickness, illness という用語が用いられている。これらは社会学的にはそれぞれ異なるものと解釈されている。上記3つの単語をそれぞれ日本語に訳すと，disease は「疾患」，sickness は「病気」，illness は「病い」となる。最初の disease すなわち「疾患」は，医学的見地から表現する際に用いられるもので，病名の診断に代表される。2つめの，

sickness すなわち「病気」は，社会的見地からのものであり，集団として症状や障害を認識する際に用いられる。

　対して illness すなわち「病い」は，患者目線のものであり，患者や家族，その関係者などが，広範に症状や障害を捉えようとする際に用いられる。「病い」は経験であり，患者や家族がどう認識しているのか，そうした中どういうふうに生活を送っているのかを示している。歩くと足が痛いとか，電車の中でおなかが痛くなったとかいうように，症状を認識することも「病い」である。また，こうした症状が生活に与える影響も「病い」の一部となる。歩くと足が痛いので，買い物にも行けず，やむをえず手元にある缶詰と即席の食品のみで日々過ごしているとか，電車に乗るとどうもおなかが痛くなるので，出勤時には早めに家を出て，いつでもトイレに行けるように各駅停車に乗って通勤するので大変だとか，そういったものも含まれる。こうした一連の経験を「病い経験」と呼ぶ。特に，慢性の病いを患っている人にとっては，生活の中で長期的に病いの経験が占めることになるために，診断や疾患を軸とし医学的見地が重要視される disease・「疾患」や，集団的に捉えられる sickness・「病気」よりも，illness・「病い」経験が重要視され，その人の主観的な意味が大切とされている。本章でこれから「病い」と述べる際には，この illness・「病い」に焦点をあてるものとし，症状や障害のある人がその人の視点からどうそれらを見ることになるのか，特に「病い」を意識した後に，どう受け止め，それらを「乗り越えて」いく際にどういった局面を迎えるのか，つまり「病い経験」について見ていきたい。

　ところで，ここまで「慢性の病い」という用語を使っているが，そもそも「慢性の病い」とは何だろうか。参考までに，「慢性疾患」についての定義を紹介したい。

　ストラウスは，慢性疾患の特徴として以下の7つを挙げている（スト

ラウスら，1987)。

(1) 慢性疾患は本質的に長期である
(2) 慢性疾患はさまざまな面において不確かである。まず，予後がわからないことが多い。したがって何ごとも計画が立ちにくい
(3) 慢性疾患は症状緩和をするのにかなりの努力がいる
(4) 慢性疾患は複数の多様な疾患である
(5) 慢性疾患は患者の生活に対し，きわめて侵入的である
(6) 慢性疾患は幅広い補助的なサービスが必要である。たとえばソーシャルワーカー，心理療法士，精神療法士，自助グループなど
(7) 慢性疾患は高価につく

このように，慢性疾患や慢性の病いで特徴的なのは，患者や家族が，日常生活を送りながらも，治癒しないものの悪化はしないようにしつつ，長期にわたり病気と共存することが求められる点といえるだろう。逆にいえば，悪化したり，死に至ったりする危険性を常に意識しつつ生きていかなければならないということにもなる。さらに生活習慣や日常生活・社会生活を変えることを余儀なくされ，治療は長期にわたり，また身体的な侵襲が大きい治療を繰り返し行ったりすることもある。

慢性の病いがある人の経験を理解するモデルとして，ストラウスによる「病みの軌跡」があるので，紹介しよう。

「病みの軌跡」は，慢性疾患は長い時間をかけて多様に変化していくひとつの行路であるとする考え方である。軌跡はこうした行路と同様の意味をもつが，過去を振り返ってわかるものでありその細部は事前にわかるものではないこと，かつ連続的な曲線を描くものであるなどの特徴がある。軌跡には表9−1に示すように8つの局面があるとされ，上に

表9-1　軌跡の局面と定義

局面	定義
1．前軌跡期	病みの行路が始まる前，予防的段階，徴候や症状が見られない状況
2．軌跡発現期	徴候や症状が見られる，診断の期間が含まれる
3．クライシス期	生命が脅かされる状況
4．急性期	病気や合併症の活動期，その管理のために入院が必要となる状況
5．安定期	病みの行路と症状が養生法によってコントロールされている状況
6．不安定期	病みの行路や症状が養生法によってコントロールされていない状況
7．下降期	身体的状態や心理的状態が進行性に悪化し，障害や症状の増大によって特徴づけられる状況
8．臨死期	数週間，数日，数時間で死に至る状況

〔出典：ウグp（eds），黒江ゆり子，他訳『慢性疾患の病みの軌跡──コービンとストラウスによる看護モデル』（医学書院　2005 p. 13）〕

向かうとき（立ち直り期），下に向かうとき（悪化期および臨死期），そして同じ状態を保つとき（安定期）があるとされる。

　疾患の悪化や死を意識しなければならないこと自体は，生きていくうえで衝撃的な経験となり，ストレスともなりうる。また，慢性の病いのある人は，生きていくプロセスで，表9-2のようなものを喪失する可能性があり，これらの喪失を経験しつつ，どう生きていくのかが課題となる。

表9-2 慢性期にある人が喪失しやすいもの

対象喪失	慢性期にある人が喪失しやすいもの
愛情，依存の対象の喪失	・家族員（健康問題が原因となる離別や別居など） ・ペット（健康問題を悪化させ得る可能性のある生き物）
住み慣れた環境や故郷などの喪失	・慣れ親しんだ生活環境 　（入院，長期的な療養生活，息子・娘夫婦との同居など） ・家族・職場・地域社会とのつながり
地位や役割の喪失	・家族・職場・地域社会での地位や役割 ・経済的自立
身体的自己の喪失	・心身の健康な状態 　（たとえば，排泄能力，運動能力，意思伝達能力，気力や意欲など） ・身体の部分や機能 　（たとえば，体重，毛髪，容姿，外観，器官など）
自己の所有物の喪失	・生活習慣　ライフスタイル ・たしかな生活　たしかな未来 ・自己コントロール感 ・自己の価値観
アイデンティティの喪失	・自分の誇りや理想　自信 ・生きる目的や希望　生きがい

〔出典：鈴木志津枝・藤田佐和編『慢性期看護論』（ヌーヴェルヒロカワ　2005　p. 63）〕

2.「病い」へのネガティブな認知

　そもそも「病い」というものを経験する中で，各自がその「病い」をどのように受け止めるのか，そのありようは大変重要になる。なぜならば，どう受け止めているかによって，その後の行動や経験，生活，人生，すなわち「病い経験」は大きく左右される可能性があるからである。

もちろん、人によって大きく異なり、またどんな疾患や障害を抱えているのかによっても異なるため、一概に統一的に述べることはできない。しかし、一般に「病い」は、ネガティブな認知を伴うことが多い。特に、急性疾患に限らず、難病や難治性の疾患、慢性疾患などに罹患した場合にも、それらを意識させられることが多い。先ほど述べたように、状況により異なるわけで、たとえば若年層の人が軽い風邪をひいた時には、すぐに強く「死」を連想するわけではないだろう。いっぽうで、高齢者が風邪をひいた時には、もしかしたら肺炎に発展するかもしれないというような恐れも抱くかもしれない。また、スキーで捻挫したとしても即座に「死」を意識する人は少ないだろう。しかしいっぽうで、すでに何らかの障害があり、捻挫そのものが重大な後遺症を残す可能性がある場合には、やはりどう人生を歩んだらいいのかというようなネガティブな認知をすることとなる。とはいえ、どのような病いであれ、程度の差こそあれ、「死」というものを意識したり、ネガティブな認知を抱いたりするものである。

　こうした「病い」に関連したネガティブな認知については、調査研究が数多くなされ、また当事者の語りや手記などもたくさんある。ここでは理解を深めるために、いくつかの疾患を例に、病いのある人々を対象とした調査例を見ていきたい。

　2013年に発表されたがん対策に関する世論調査結果によれば、がんについて「こわい」と思っている人の割合が76.7％（「どちらかといえば、こわいと思う」33.4％＋「こわいと思う」43.3％）であった。「こわい」とする者の割合は30歳代、40歳代で高いという結果も出ていた（内閣府大臣官房政府広報室, 2013）。この「こわさ」はまさにネガティブな認知といえる。その要因はいろいろとあるだろうが、おそらくがんについて社会的に死を強くイメージさせられているところも大きいと思われ

る。本来がんも，長年にわたって付き合っていく慢性疾患として考えられるようになってきているのにもかかわらずである。

　HIV 感染症についても同様に，薬の進歩が著しく，早期発見・早期治療をしさえすれば，慢性の病いを抱えつつも長く生きることができる。しかしながら，そうした新たな知見は人々の中には浸透しておらず，死の病いであるとの認識が依然として強い状況がある。実際，HIV 陽性告知前後の経験についてたずねた WEB 調査研究によれば，HIV 陽性告知を受けた当時，約6割が「死ぬ病いである」と「おおいに・そう思って」おり，「薬を飲めば死なずにすむ」と「おおいに・そう思っていた」とするのは4割強にとどまっていた。このことは，2005年以降に告知を受けた人に限って分析してみてもほぼ同様であった（井上ら，2011）。

　また，先天性心疾患という障害とともに生きている人の経験についての事例研究（平野ら，2009）によれば，対象者の40歳代男性は，先天的に心臓が悪いという自覚を子どもの頃からもっていた。そして，先天性心疾患を抱えながら人生を送ってきていることに関連した文脈で，常に生や死について意識しながら生活せざるを得ない状況が語られていた。また，病い経験は，疾患そのものによる困難には限られていなかった。たとえば＜自身が身体障害者として認定されていること＞と関連しては，「見た目は普通」であるということ，すなわち対象者がいう「不完全な身体障害者」であり，外見は「普通」であり周囲のまなざしも「普通」とみなしていること，しかし実際には「障害や制約が大きい」ため「普通」ではなく，外見の「普通」さとの間に大きなギャップを感じている中で揺らいでいる状況が示されていた。また，同世代男性と同じように「普通」になりたくても心疾患があってなれない，それゆえに同じように「普通」になりたいという「あこがれ」に近い感覚からくる揺らぎもあり，たとえば健康管理は，服薬と通院以外についてはむしろきち

んとしないという「普通」の同世代男性と同じようにして「普通に生きる」ということを選択していることがうかがえた。

　以上，3つの疾患に罹患している人々の立場から見て，どういった病い経験をしているのか，ネガティブな認知の一端を紹介した。そして，そうしたネガティブな認知は，時としてその人の人生に対する考え方までも左右しかねない，大きなものである。誤解のないよう，あえて言及するが，無理してポジティブに考えるべきとここで述べているわけではない。むしろ，病いに関連したネガティブな認知は，必要に応じてもつべきであるし，それがかえってその後の糧ともなりうるが，同時に，勘違いによって引き起こされるネガティブな認知は，無用なストレスを生じさせることにつながるために，避けるべきともいえよう。

3. ストレッサーの軽減とストレス関連成長

　慢性の病いを軸に，病い経験について，特にネガティブな認知を中心にここまで述べてきたが，こうした慢性の病いは，日々の生活にとってストレスを生じさせる。ストレスを生じさせるストレッサー（刺激）は，それら自体を減らしていく努力をしていく必要もある。たとえば，生活習慣を見直して適切なものにしていく，服薬など必要な治療を遵守し自己管理する，定期通院して疾患の進行状況を確認する，などにより，疾患の悪化を防ぎ，あるいは疾患を抱えつつも上手く生きていく方略を見出す努力である。慢性の病いの場合には，ストレスは持続しがちであり，あるいは断続的にストレスを生じることになりがちである。病いに関連して身体機能が低下したりすると日常生活にも大きな影響や制限が出てくる。これまでできていたことができなくなったりする。そのため，治療や療養においてセルフマネジメントをしつつ，身体機能の低

下を最小限に抑えることが求められる．さらに，治療により身体面への影響が多々出てくる可能性があり，それらについて，何を選択し，いつ治療開始するのかを含めて十分に検討していく必要が出てくるだろう．こうした身体的側面への影響は心理社会的側面にも強くかかわってくるからである．医療者側も患者側も，このことを十分に認識しておく必要がある．

　ストレッサーの軽減は，病名告知の時点でも求められる．そもそも病名告知自体，告知される側からは当然のことながらストレスとなる．がん医療の専門家である武田文和はがんの告知の仕方について，悪い知らせはいかに工夫してもよい響きをもちようにないが，患者はやさしさのある穏やかな表現による真実なら受け入れやすいことに留意し，また患者の動揺や落胆を避けようとして少しずつしか伝えないとかえって不信や怒り，恨みをかうことになるし，いっぽうであまりに多く伝えすぎると不安や恐怖を引き起こすため，患者がどこまで知りたいのかを探りつつ告知し，何ができるのか，何を実施しようとしているのかをかならず伝えることが工夫として求められると指摘している（武田，1997）．

　いっぽうで，ストレスのネガティブな影響に焦点をあてて，そうしたネガティブな影響をどのようにして軽減させることができるのかという研究もなされてきた．ストレス対処能力と呼ばれる sense of coherence（SOC）は，その典型的な例である．同じストレスを受けたとしても，そのストレスにうまく対処できる場合と，うまく対処できない場合があり，この違いはどこから生まれるのかという観点である．そして，ストレス対処能力を向上させることによって，病いから受けるストレスを最小限に抑えることが期待され，数多くの研究がなされ，また実践にもつながっている．

　さらにストレスのこうしたネガティブな部分のみに着眼するのではな

く，むしろストレスのポジティブな部分に着眼することも，ごく最近行われるようになった。特に，単なる適応のために生じてきたというだけでなく，逆境下にある状況や経験をむしろ糧として成長しうること，そしてそれを意識化させることが有用であることが学問的にも実践的にも指摘されるようになった。

　ストレスを経験すると，世の中の見方が変わってくる。たとえば，仕事よりも生きがいを大事にしたり，生きていること自体に価値を置いたり，それまであまり見えていなかった家族や友人を大事にしたりするなどである。インパクトのある病い経験によって人生や生活の枠組みの変化が生じる。そうした人間関係の強化や精神的な強さ，ストレスを乗り越える技術が強化され，成長するというのが「ストレス関連成長」である。自分自身についての認識，世界観，将来展望などが再建され，人生における目標や優先順位が再点検されて再設定される。

　ストレス関連成長を促す要素は3つあると指摘されている。1つめはその人のもっている性別や性格といった特性で，男性よりも女性のほうがストレス関連成長は大きいといわれている。2つめは，インパクトのある出来事に対するポジティブな再意味づけができるような対処の戦略をもっているかどうかである。3つめは出来事自体の特徴で，その出来事がどの程度衝撃的でコントロール不能なものであったかどうかということである（Tedeschi et al, 1995）。

　病いについても同様に適用することができよう。たとえば，死をいやおうなしに意識させられれば，ストレスとなる。そのことは，苦痛や困難，不安などネガティブな変化をもたらすことはいうまでもない。しかしいっぽうで，その人の中でストレス関連成長がもたらされるという考え方である。

4. 病い経験でのポジティブな側面への着眼

　身体面あるいは精神面での慢性の病いのある人を対象とした研究は，これまで伝統的に疾患がもたらすネガティブな変化に焦点をあてたものが多い。しかし近年，特に1990年代に入ってからは，逆境の経験でのネガティブな変化や影響のみに光をあててきたことは偏っていると指摘されるようになった。苦痛や困難もあるがそれと同様に，苦痛や困難への対処や適応する努力，さらにはそうした経験を通して成長するなどポジティブな変化をつかむ必要性があると広く認識されてきている。こうした変化や成長については，上述したストレス関連成長と同類のものであり，benefit-finding（Affleck & Tennen, 1996）や post-traumatic growth（Tedeschi et al., 1998），stress-related growth（Park, 1998），adversarial growth（Linley & Joseph, 2004）など多様な用語が用いられている。ただし，現在まで，それらの詳細な違いについては十分に議論しつくされているとはいえない。

　しかし，こうしたポジティブな側面が強い人々では，たとえば抑うつや不安のレベルが低くなっていること，自己効力感や自尊心が高いことなどが実証的にも示されつつあり，ポジティブな側面や変化が慢性疾患のある人の幸福感を高めている可能性がある。

　以下は，筆者が，薬害による HIV 陽性者のポジティブな変化を把握するために作った調査において用いた質問文を示す（井上ら，2011）。これらの項目は，筆者らが想像で作った項目ではなく，全国の薬害 HIV 感染被害者らを対象として面接調査を繰り返した結果として，このようなポジティブな変化が認められるのではないかと仮説を抱き，作成したものである。●●の箇所には「HIV 被害を受けて」を挿入した。同調査票は，たとえば東日本大震災で被災した大学生や，自然災害の被災者，

薬害以外の HIV 陽性者，人生の中途で慢性疾患に罹患した人，先天性の障害者，犯罪被害者などにも，応用ができるものと考えており，実際に使われている。

(1) ●●から今までに，あなたの精神的な強さは強くなった
(2) ●●から今までに，人生を乗り越えていく自信は増えた
(3) ●●から今までに，新しい生きがいや人生の楽しみは大いに得られた
(4) ●●から今までに，人や社会のために役に立ちたいという思いは強くなった
(5) ●●から今までに，何事に対しても良い方向に考えるようになった
(6) ●●から今までに，1日1日を過ごしていくことに対して大切に感じるようになった
(7) ●●から今までに，家族との絆（関係）は強くなった
(8) ●●から今までに，友人との絆（関係）は強くなった
(9) ●●から今までに，被害を受けていなければ得られなかったような，信頼できる友人や知人は大いに得られた
(10) ●●から今までに，あなたの生活は健康に注意するようになった

ポジティブな側面について，いくつか実証的な例を挙げてみよう。

統合失調症や双極性障害，うつ病などの精神疾患のある人107名を対象として質的に分析した研究結果によれば，「精神の病気を経験してからこれまでに，あなたが得たものや学んだと思えるようなこと」として，人間関係の深まり・人間関係での気づきに関する内容，内面の成長・人生の価値観の変化に関する内容，健康関連の行動変容・自己管理

に関する内容，精神の障害に関する関心や理解の深まりに関する内容，社会の中で新たな役割を見出すことに関する内容，宗教を信じることに関する内容が挙げられていた（千葉ら，2009）。

　国立がんセンターが実施した乳がん患者を対象とした調査研究「乳がん患者の多目的コホート研究：ベースラインデータの集計結果」によれば，乳がんに起因するストレスは，仕事や経済面の困難，社会活動や趣味や楽しみなどの減少は術前で多く，性生活における困難や容姿に関する問題，「好きなものを好きなだけ食べられなくなった」という点は術後5年で多くなっていた。再発や病気の悪化に関する不安は73.9％が感じていた。しかし，そうしたネガティブな側面もある一方で，上記の調査票を用いたところ，全体として95％の回答者が，乳がんになったことによるポジティブな変化をいずれか1つ以上感じているという結果になっていた（溝田ら，2009）。

　薬害HIV感染者を対象とした調査でも，HIV感染以降今までについてたずねたところ，42.5％が「1日1日を過ごしていくこと」を大切に感じるようになったとしており，また「家族との絆が強くなった」と36％が回答していた。生活において健康に注意を払うようになったとしたのは7割近くに達した（井上ら，2010）。

　面接調査を通じて記述的に病い経験を記した報告でも，ポジティブな変化が認められると数多く指摘されている。

　たとえば，悪性リンパ腫と診断され，自己末梢血幹細胞移植の治療を受けて完全寛解状態になった1人の20歳代女性の語りを分析した研究（松田ら，2006）によれば，医師から悪性リンパ腫と診断を受けたとき，対象者は，治療を受け退院した後には「自分の経験をもうマイナス思考では考えないでおこう」「自分が病気になったことを恥ずかしいと思わないでおこう」と考えることにしたという。そして，次のように語って

いる。

「今すごく楽しい。いろんなことができていく時だから…。だから，やりたいことは全部してる。何もかもが一からのスタートって感じ。今まで学んできたことなんて大して役に立たないなって。人の痛みとか…＜中略＞今だったら『しんどいんだろうな，この人はこの人なりに本当にしんどいんだろうな』って思うようにもなれたし，簡単に人の気持ちなんてわからないから，自分の一言で（人が）左右されることもあるじゃないですか。だから人の言葉ってこわいなとも思うし…何もかもがこれからもう一回，一からだなって。入院していっぱい学んだこともあったから。人と触れ合うこととか，新たな人間関係も一からできたでしょ。うん，『やるぞ！』っていう感じ。『スタート』っていう感じ」

「もう二度となりたくないけど…。自分の中で，いい勉強になったって思う。人を思えるっていうか…自分も思えるし，他人のことも思えるし，いろんなことを知るチャンスだったなとは思う。人のいろんな面での辛さとか，人を傷つけてしまうこととか…命の大切さとか…」

いっぽう，がん再発者の語りを集めたパンフレット（国立がんセンター，2011）に記されている50歳代の男性の語りには，以下のようなものがある。

「がんが再発して失ったものは多い。抗がん剤治療によると思われるが，味覚が変わり，コーヒーが飲めなくなった。あれほどやっていたゴルフもできなくなった。好きだったスポーツもできない。本来，この年ならできるはずの多くのことが，がんによって奪われた。新しいスーツを買ってもあまり着られないと思う自分がいる。再発がん患者ということで，自分自身の心を拘束していると考えてしまいます。

しかし，それ以上に得たものがあるというのは強がりだろうか。一介のサラリーマンにしかすぎなかった自分に，がんは大きく私の世界を広

げてくれた。苦しんでいるのは自分ばかりではない。がんは，つらい状況にありながら精いっぱい前向きに生きている人と出会わせてくれた。その中で，自分自身も残りの人生，少しでも自分の経験を役立てることができないかと考えるようになった」

同書にはまた，がんとともに生きる人が毎日を充実させる際に役立つヒントとして，以下の3つが挙げられている。
・これまでのように毎日の計画を立てる
・がんにかかっているからといって，やりたいことを制限しない
・新しい目標を見つける

このように見ていくと，死を意識させられる病いや，さまざまな苦しみを経験させられる病いを患っている人を包括的に理解するには，ネガティブな側面だけでなくポジティブな側面を捉える必要があると改めて確認できる。また，周囲の人々が支援をする際には，病いを患っている本人がポジティブな面にも気づくことができるような環境づくりをしたり支えたりすることも一案である。さらに，読者自身に何らかの疾患罹患があることが判明したときに，もちろん苦痛や困難，不安などネガティブな側面があるのは認めつつも，いっぽうで余力ができたときに，こうしたポジティブな側面を考え，病いは，どういったポジティブな変化を自分の人生や生き方，生活にもたらしたのか，考えられる日がいつか来るのではないだろうか。

**学習の
ヒント**

1. あなたはこれまで，病いに関連して「死」を意識したことはあっただろうか。あったとしたら，それはどんな時だったか，振り返ってみよう。
2. 慢性の病いを患っている周囲の人や自分自身など，誰かひとりを思い

出してみよう。その人に何らかのポジティブな側面と捉えられる行動や発言はあっただろうか。思い起こしてみよう。

参考文献

井上洋士，伊藤美樹子，山崎喜比古編著『薬害HIVサバイバーとその家族の20年』（勁草書房　2010）

井上洋士，矢島嵩，高久陽介，長野耕介，長谷川博史，生島嗣『239人のHIV陽性者が体験した検査と告知』（NPOぷれいす東京・NPOジャンププラス　2011）

ウグ　P（eds），黒江ゆり子，他訳『慢性疾患の病いの軌跡──コービンとストラウスによる看護モデル』（医学書院　2005）

国立がん研究センターがん対策情報センター　がん情報・統計部「がんが再発したとき　再発がん体験者からあなたとあなたをささえる人のために」（国立がん研究センターがん対策情報センター　がん情報・統計部　p. 87, 2011）

鈴木志津枝・藤田佐和編『慢性期看護論．ヌーヴェルヒロカワ』（2005）

ストラウス　A．他，南裕子監訳『慢性疾患を生きる　ケアとクオリティ・ライフの接点』（医学書院　1987　pp 1-29）

武田文和「癌の告知〜するとかしないとかの決断ではなくどうするかの時代である〜」笹子三津留編『これからの癌告知をどうするか』（医薬ジャーナル社　1997）

千葉理恵，宮本有紀，船越明子「精神疾患をもつ人における，ベネフィット・ファインディングの特性」（2008（平成20）年度（財）在宅医療助成　勇美記念財団　在宅医療助成（一般公募）完了報告書，p 34-441, 2009）

内閣府大臣官房政府広報室「がん対策に関する世論調査」（2013）

平野真紀，井上洋士，後藤佳奈恵「「先天性心疾患という障害」とともに生きる成人A氏の経験に関する研究──「障害」による「苦しみ」のありかに焦点をあてて」（日本慢性看護学会誌　3(1)：9-14, 2009）

松田光信，八木彌生「末梢血幹細胞移植を受けたAさんのライフヒストリー．」（日本看護科学会誌　26(1)：13-22, 2006）

溝田友里，安藤正志，岩崎基，大橋靖雄，山本精一郎「乳がん患者の多目的コホート研究 ベースラインデータの集計結果」（日本癌治療学会誌 44(2), 938 2009）

Affleck G., Tennen H.: Construing benefits from adversity: Adaptational significance and dispositional underpinnings, Journal of Personality, 64, 899-922, 1996.

Linley P.A., Joseph S.: Positive change following trauma and adversity: A review, Journal of Traumatic Stress, 17(1), 11-21, 2004.

Park C. L.: Stress-related growth and thriving through coping: the role of personality and cognitive processes, Journal of Social Issues, 54(2), 267-278, 1998.

Tedeschi, R.G., & Calhoun, L.G. Trauma and transformation: Growing in the aftermath suffering. Thausand Orks: Sage, 1995.

Tedeschi R.G., Park C.L., Calhoun L.G.: Posttraumatic growth: Conceptual issues. In: Tedeschi R.G., Park C.L., Calhoun L.G. (Eds), Posttraumatic growth: Positive changes in the aftermath of crisis, Lawrence Erlbaum Associates, Mahwah, New Jersey, 1998.

10 │ 遺族の喪失体験とグリーフワーク

井上洋士

≪目標＆ポイント≫　家族や友人など近い関係の人と死別し喪失した後の経験については，悲嘆やグリーフワークとしてしばしば論じられる。ここではまず，グリーフワークの基本的な考え方と歴史的動向について紹介する。また，犯罪被害などviolent deathによる死別と疾患などnatural deathによる死別との違いをはじめ，どのような死別であったのかによって遺族の悲嘆やグリーフワークの様相が大きく異なることを紹介する。特に，段階的に進むとしばしば指摘されていたグリーフワークだが，そう考えるのはかならずしも適切ではないと近年では指摘されていることも紹介する。さらに，遺族への接近や支援の仕方の一端についても学ぶ。
≪キーワード≫　死別，悲嘆，グリーフワーク，グリーフケア

1．死別と悲嘆

　人は基本的に，胎児と呼ばれる時期を経て，生まれ，発育，成長，発達，成熟，衰退をし，そしてやがてかならず死を迎える。こうしたプロセスはライフサイクルと呼ばれている。
　子ども，親，夫・妻，兄弟姉妹，親戚といった，家族や親族のみならず，近隣の人，友人・知人など，場合によってはメディアを通じて知っている人なども含め，何らかのつながりのあった人が亡くなるという経験は，日常的によくある話である。「死」は，人の限界を意識させられるものであり，また「生きる」とは何かを改めて考える契機ともなる。
　『広辞苑・第六版』で見ると，「死別」は「生きわかれ。」を意味する

「生別」との反対語であり，「しにわかれ。」を意味するとしている。また，「遺族」は，「死者の後にのこった家族・親族。」としている。

　死別は，大切であると思っていた人を喪失することであり，その喪失体験に対する感情反応として「悲嘆（グリーフ）」が生じる。悲嘆は，単なる悲しみだけでない。怒り，罪悪感，自責の念，絶望，不安，無力感，孤独感など，さまざまなものを包含し複雑なものとなって悲嘆になる。そして，日々，揺れ動き変化する中で，その悲嘆を乗り越え，故人と別れた中で，どう生き抜くのかを考え実行していく悲嘆作業すなわちグリーフワークをしていく。

2．悲嘆のプロセスとグリーフワーク

　グリーフワークという用語は，保健・医療・福祉・看護・心理などの分野で，近年頻繁に用いられるようになった。しかし，実際的には，その用語のみ，つまり「悲嘆からの回復」という意味合いのみが先行して一般化したものの，その本質についてはあまり触れられていないという印象がある。それは，専門家にしても同様であり，しかも少し古い教科書で学んだ方々にとっては，新しい知見を得ることなく，実践がなされている危惧も抱く。

　そこで本章では，悲嘆とそこからの回復のプロセスについて，歴史的にどのように議論されてきたのか，その経緯の一端を概観していくこととしたい。

　悲嘆やそこからの回復については，いくつかの考え方がある。

　代表的なものが，「段階説」である。段階説は，精神医学者リンデマンが1944年に，急性悲嘆反応のプロセスを示したのが初めてであるといえよう。その後の段階説も，リンデマンのものを基盤にしている。リン

デマンによれば，急性悲嘆反応は，「身体的虚脱感を示す段階」「自分も死んでしまいたいという気持ちをもつ段階」「罪悪感の段階」「敵対的反応を示す段階」「通常の行動パターンがとれなくなる段階」の5つの段階を経るとしている。リンデマンはまた，グリーフワークという用語を初めて用いたことでも知られている。

　表10-1に，代表的な段階説を示してある。1969年にキューブラー・ロスが，死にゆく人の心理過程を「否認と孤立」「怒り」「取り引き」「憂鬱」「受容」の5段階として示したことが，グリーフワークにおける段階説の進展に影響を与えている。これらの段階説の中でもデーケンの12段階は，「精神的打撃と麻痺状態」から始まり，「否認」「パニック」「怒りと不当感」「敵意と恨み」を経て，「罪意識」「空想形成・幻想」「孤独感と抑うつ」「精神的混乱と無関心」「あきらめ──受容」へと続き，やがて「新しい希望──ユーモアと笑いの再発見」と「立ち直り──新しいアイデンティティの誕生」を迎えるというものである。デーケン自身も述べるよう，この段階の内容は個々の遺族によって多様であり，またこの順番でなかったり飛び越えたりする。おおむねこの段階を経るものの，多様性・個別性があり，人によって相当異なることを前提としている。また，これらの段階はいずれも，死別という喪失体験をした人が当然たどっていいプロセスであり，いわゆる正常なものとされている。

　こうした段階説に対して，「課題モデル」というものがある。

　ウォーデンは，グリーフワークの課題として，表10-2のような4つを挙げている。段階モデルが自然な癒しを前提としているのに対し，ウォーデンは，各課題は死別をした人が自ら取り組む課題であるとし，時間の流れに任せればいいというものではないとしている。そして，死別後にこれらの課題を達成しながら新たな生活に適応していくのが悲嘆からの回復であると捉えている。

表10-1　諸々の段階説

	段階の分類とその特徴
ボウルビー 1958	1．心の麻痺（緊張した状態や不安状態が数時間から1週間続く） 2．思慕と探索（怒りとともに故人を探し求めて取り戻そうという行動を示す） 3．混乱と絶望（死別の現実が変えられないことを認識し絶望する） 4．再建（情緒的なエネルギーを新たな関係に注ぐ）
エンゲル 1961	1．ショックと否認（死別を否定し衝撃から自分を隔離する） 2．喪失を認識する（喪失の自覚が強まり，喪失感や身体上の病状が表出する） 3．快癒と回復（喪失による傷が癒されて健康な状態が再び取り戻される）
パークス 1972	1．心の麻痺（感情が麻痺した状態が数日間続き，強い苦悩感が表出する） 2．切望（故人を愛慕し探し求めずにはいられなくなり，探索行動をする） 3．絶望（抑うつ状態で人と接触しないようにひきこもり，自分の居場所を確立する） 4．回復（生活の変化に適応し新たな自己を見出す）
デーケン 1984	1．精神的打撃と麻痺状態（死別による衝撃により感覚が麻痺する） 2．否認（死の現実を受け入れることを否認する） 3．パニック（死に直面した恐怖から極度のパニックに陥る） 4．怒りと不当感（苦しみを負わされたという怒りを抱く） 5．敵意と恨み（周囲の人や故人にやり場のない感情をぶつける） 6．罪意識（過去の行いを悔やみ，自分を責める）

デーケン 1984	7．空想形成・幻想（故人がまだ生きているかのように思い込む） 8．孤独感と抑うつ（孤独を感じる） 9．精神的混乱と無関心（あらゆる物事に関心を失う） 10．あきらめ——受容（つらい現実に直面しようとする） 11．新しい希望——ユーモアと笑いの再発見（ユーモアと笑いは悲嘆のプロセスをうまく乗り切るしるしである） 12．立ち直り——新しいアイデンティティの誕生（以前の自分に戻るのではなく，新たなアイデンティティを獲得し成長する）
平山 1988	初期　驚愕の段階（ショック，混乱，無感覚，非現実感，変容感） 第Ⅰ期　抵抗の段階（罪悪感，敵意，拒否，取引，探索行動，苦悶など） 第Ⅱ期　絶望の段階（抑うつ，寂蓼感，ひきこもり，自尊心の低下，卑小感，悲哀感） 第Ⅲ期　虚脱の段階（無力感，無関心，感情の平板化，アパシー） 現実受容の段階（平静，解放感，現実世界への関心，理性的思考） 見直しの段階（意味の探求，つぐない，希望，発想の転換，新たな決意） 自己と再統合の段階（新たな同一性の獲得，ユーモア，人格的成長など）

〔出典：金子絵里乃『ささえあうグリーフケア——小児がんで子どもを亡くした15人の母親のライフ・ストーリー』ミネルヴァ書房．p.6を改変〕

　いっぽう，ニーメヤーは，悲嘆のプロセスを，段階や位相ではなく，局面（フェーズ）として捉えた。そして，表10-3に示すように，回避

表10-2　喪の過程における4つの課題

課題	各課題の主題	反対の動き
課題Ⅰ	喪失の現実を受け入れる	死が信じられない
課題Ⅱ	悲嘆の苦痛を消化していく	何も感じられない
課題Ⅲ	故人のいない世界に適応する	
	A　外的適応： 　　故人がいないまま日常生活をやっていく	日常に適応できない
	B　内的適応： 　　私は何者で，どう生きていくのか――アイデンティティの問い	内的に成長できない
	C　スピリチュアルな適応 　　「想定された世界」を再構築する	意味を理解できない
課題Ⅳ	新たな人生を歩み始める途上において，故人との永続的な繋がりを見出す	前に向かって進めない

〔出典：ウォーデンJW（山本力・監訳）『悲嘆カウンセリング――臨床実践ハンドブック』誠信書房，2011．p. 301〕

表10-3　悲嘆のプロセス：3つの局面

回避の局面	死に対して激しい反応を示し，現実を理解することが難しくなる。反応としてショック，無感覚，パニック，混乱がある。身体的に無感覚になり，すべてが「非現実」となる。
同化の局面	つらい試練に直面し，寂寞感と悲しみを経験する。不眠症，食欲不振，やる気の減退，仕事や遊びに集中できない，将来に対する絶望などの抑うつ状態となる。
適応の局面	感情を抑える力を取り戻し，通常の食事や睡眠の習慣に戻っていく。喪失によって粉砕された自分の社会生活を「立て直す」長期的なプロセスを開始できるようになる。

〔出典：ニーメヤーRA（鈴木剛子・訳）『〈大切なもの〉を失ったあなたに――喪失をのりこえるガイド』（春秋社，2006．pp. 29-37）〕

の局面，同化の局面，適応の局面に分け，自己を確立すること，自立をめざすことが悲嘆からの回復であるとしている。ニーメヤーも，段階説には懐疑的であり，段階を経るという表現は「段階を経ないと正常ではないとも受け止められる」とした。また従来の段階説が心理・感情面に目を向けすぎていて，その意味に着眼していないとの指摘をした。むしろ，それまでの自己についての物語が揺るぐ中，人生や生活への新たな意味を作り出すことが，悲嘆反応であるとした。そしてそれは，3つの局面を行ったり来たりし，対処と折り合いを生涯にわたって繰り返し続けていく営みであると示した。

　また，死別を経験しながらも，こうした段階を容易に経たり，課題を難なくこなしたりする人々が一定数存在することが，その後の研究から明らかとなり，なぜそのような人がいるのかの研究が進められてきた。2重過程モデルは，そうした流れから生まれてきたものである。ストローブとシュットが提唱した回復モデル（図10-1）によれば，死別を体験した人は，喪失志向，すなわち悲しみに向き合うことと，回復志向，すなわち新しい生活に取り組むこととの間を行ったり来たりすることを繰り返すことを通じて，回復に向かうとしている。感情と理性との間での揺れともいえ，昨今では支持が広がっている。

3．死別の状況により異なる悲嘆

（1）　死別とPTSD

　死別そのものは，外傷性が非常に高い。誰にとってもストレスフルなものである。しかしながら，交通事故や震災などの災害，自死などで身近な人と突然死別した場合には，トラウマ（心的外傷）となる場合がある。トラウマが長期にわたり機能的障害を起こすと，PTSD（post-trau-

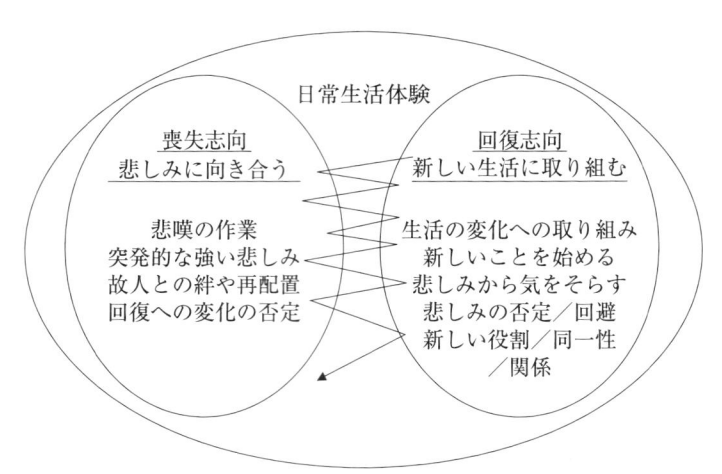

図10-1　2重過程モデル
〔出典：富田拓郎，菊地安希子（監訳）『喪失と悲嘆の心理療法——構成主義からみた意味の探求』（金剛出版，2007，P.71を改変）〕

matic stress disorder：外傷後ストレス障害）となりうる。

　図10-2に，トラウマと死別との関係を示す。病死などの死別はnatural death（自然死）とも呼ばれ，死別後の遺族の悲嘆反応は，本章でこれまで述べてきたような，通常の悲嘆反応として解釈できるようなものになる。しかしながら，violent death（暴力的な死）と呼ばれるような，突然の死別の場合には，死別に関連した場面への恐怖感を伴い，PTSDを引き起こしていく場合が多くなる。そのため，悲嘆作業も複雑になり，「複雑性悲嘆」と近年提言されているものを引き起こす可能性がある。複雑性悲嘆とは，悲嘆の程度が通常よりも激しく適応障害なども引き起こすことで社会的機能も阻害された状態，あるいは悲嘆反応が通常よりも際立って長く持続している状態のことをおおむね指す。とはいえ，複雑性悲嘆の診断基準については，近年でも模索されている最中で

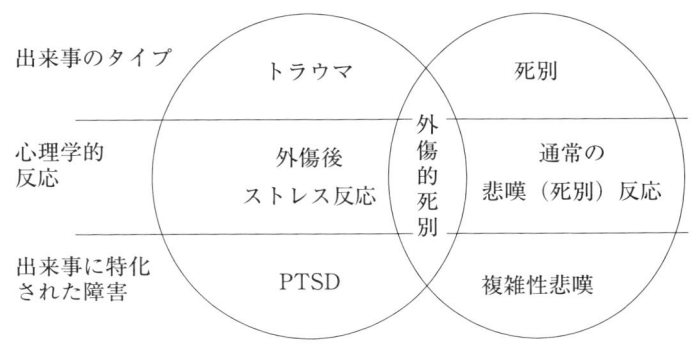

図10-2　トラウマと死別の関連
〔出典：高橋聡美『グリーフケア　死別による悲嘆の援助』（メヂカルフレンド社，2012．p.46）〕

ある。

（2）「どのようにして亡くなったのか」と，悲嘆

　小島（1991）は，悲嘆に影響する因子として，①死別した対象者との関係，②死別のタイプ，③死因，④死の状況，⑤遺される人の特性，⑥遺された人に役立つ資源，⑦その他（宗教，民族性，文化，法律）などを挙げた。このうち，②〜④にあたる「どのようにして亡くなったのか」は，（1）に挙げた violent death（暴力的な死）をはじめ，natural death（自然死）に対して，accidental death（不慮の死），suicidal death（自死），homicidal death（殺人死）などに分けることができ，それぞれ，特有の問題を抱える。
　いくつか例を挙げよう。
　平山（2009）は，自死遺族の特徴を挙げている。たとえば，それは「衝撃的な死」であり，その場面を目にした場合など衝撃を忘れることができなくなること，なぜ死んだのか，その真の原因がわからない場合に苦

悩が大きくなること，自死はいけないことであり命の定めに逆らうことであるという考えが日本の文化や伝統の中でゆきわたっている結果として「公認されない死」であり，自死をした人は負け犬・敗北者という理由をつける人が増え，差別や偏見が生まれ遺族が周囲に自分の悲しみを誰にも打ち明けることができなくなること，悲しみを引きずってある時期を過ぎたからといって癒されるわけではない場合が多いこと，などである。

　白井（2008）は，犯罪被害者の遺族の死別の特徴として，「伝聞等による被害への心理的直面である」「暴力的な状況での突然の死別である」「司法関連のストレスが長期間生じる」「周囲からの二次被害の問題がある」の4つを挙げている。また白井は，PTSDの有病率は病死遺族に比べて高いとしている。

　また溝田ら（2008）は，死の文脈によっては，遺族は悲嘆のプロセスを経るとは限らないことを示す典型的な実証的研究として，薬害HIV感染被害によって家族と死別した遺族を対象とした調査研究を実施した。これによれば，「死別直後の1年間」と「最近1年間」を比べたところ，「悔しさ・怒り」「自責・後悔」「差別不安・孤立感」を構成する項目は減少割合が低く，死別後の経過年数との関連を検討したところ，「喪失の悲しみ」とはマイナスの関連があったものの，ほかは有意な関連が認められていなかった。つまり，「喪失の悲しみ」は時間とともに減少するが，「悔しさ・怒り」「自責・後悔」「差別不安・孤立感」は，死別後時間が経過したからといって減少するものではないということが明らかになった。薬害HIV感染被害者の死は，病死であるとともに，本来は罹患するはずのなかった疾患に薬害の結果罹患した結果としての死である。そのため，natural deathのもつ特性である「喪失の悲しみ」は減少しているが，その他の気持ちはほとんど変化なく続いている結果

となっており，violent death の特性もあわせもっていると考察された。

　いっぽう，地震や津波，台風などの災害により大切な人を亡くした場合の特徴として，高橋（2012）は，自身も災害に遭っていて生命の危機状態にさらされたケースが多く，自分自身のトラウマ体験も抱えていること，身元確認において強烈な心的ダメージを受けていること，歯型確認や DNA 鑑定での身元確認など遺体が見つからない状況にある中での死のため，死を現実のものとして受け止めがたくしていること，死別に加え自宅の流失・失職・避難所暮らし・仮設住宅暮らしなど複数にわたる強烈なストレスに長期間にわたりさらされていること，葬式や法事ができなかったことによるスピリチュアルな痛みを受けた経験があること，などを挙げている。こうした特徴は，遺族のグリーフワークを長引かせたり，深刻な悲嘆に陥らせたりすることにつながっている。

　このように，どのような死による死別であったのか，その文脈により遺族の喪失体験の様相は大きく異なる。もちろん，個人差も大きく，人によっても相当に異なることも忘れてはならない。

4．悲嘆からの回復を支えるとは

　死別と喪失を体験し，悲嘆とグリーフワークのさなかにある人を，気にかけ，寄り添い，話を聞き，理解することを通じて，グリーフワークを支えることを悲嘆支援（グリーフケア）と呼ぶ。

　グリーフケアに関する具体的なスキルについては，参考文献に挙げた書籍などを参照していただきたい。特に，医師，看護師，カウンセラーなどの専門職の場合には，一般書ではなく専門書を一読されることを強くお勧めする。ここでは，一市民として，遺族とかかわるときに，どうしたらいいのかを中心に，その基本として考えられることを紹介してい

きたい。

（１） 遺族と接するときの姿勢と言葉かけ

　繰り返し述べるように，グリーフワークは，人それぞれである。個人差も大きいし，どういう死別であったのかによっても大きく左右される。したがって，こちらがもっている死生観や信念，価値観を押し付けることはできる限り避けなければならない。ありのままでいいということを受け止めるということが重要になる。簡単なようでいて，このことは難しい。というのも，自分自身の死生観や信念，価値観は，自分で十分に意識的にならない限り，周囲の人と比べてどういう偏りがあるのか，あるいはどういう特徴が自分にはあるのかが，わからないからである。たとえば本書『死生学入門』で学ぶことは，自分の死生観や価値観を再認識していく一つの契機ともなるだろう。また，「遺族には，最終的に自分で答えを探し出す力がある」と信じることも，そうした姿勢を保つ一助となりうる。「レジリエンス」という考え方も参考になる。レジリエンスとは，さまざまなストレスフルな状況から回復する力のことである。こうした力を培い，あるいはレジリエンスを発揮することができるような支援をしようと考えるのが，適切な支援につながる可能性を高める。

　遺族に対して「私はいつでもここにいるから」と伝えることは，存在していること presence そのものが支援となり，役に立つことが多い。いつでも誰かがそこにいるというだけでも，また存在はするが見守りだけで放っておいてもらうことが，大きなサポートとなりうる。いっぽうで，積極的に言葉かけをすることは，逆効果になったり，遺族を傷つけたりすることもある。そっとしておく，でも無視しているわけではない，「いざというときにはここにいる」というメッセージをさりげなく

伝える，それこそが遺族にとって大切な支えともいえよう。

表10-4に挙げたのは，遺族を傷つける可能性がある言葉として指摘されているものである。悲嘆のプロセスは，人に促されたり頑張ったりして生ずるものではない。むしろ，そのままでいることが大切なのであり，また周囲に気をつかってそのままでいられないことのほうが問題となる。特に，励ましの言葉かけは原則的に避けたほうがいいとされる。

とはいえ，遺族に対してはそれぞれ，必要なサポートや適切なアプローチの仕方が異なってくる。何がこの人にとって必要なものなのか，どういう支援をしたらいいのかは，こちらが勝手に憶測するのではなく，遺族自身の言葉，態度，姿勢などを通じて，正確に把握することが大切である。それを通して初めて，その人にあった支援を提供できることになる。

表10-4　遺族を傷つける可能性のある言葉

「あなたの気持ちはわかります。」
「頑張ってください。」
「そのうち楽になりますよ。」
「泣いたほうがいいですよ。」
「あなたが生きていてよかった。」
「そんなに悲しんでいると亡くなった人が心配しますよ（成仏しませんよ）」

子どもを亡くした人に対して
「一人っ子でなくて，よかったですね。」
「まだ若いんだから次をつくればいいじゃない。」

〔出典：高橋聡美『グリーフケア　死別による悲嘆の援助』（メヂカルフレンド社，2012, p. 30)〕

（2） 医療関係者に求められること

　悲嘆反応は，死別による喪失を経験した人なら誰にでも起こりうるものである。それは，けっして病的なものではない。しかし時として長期化して日常生活をうまく送ることができなくなったり，先に述べたようにPTSD様の症状を呈したりすることがある。不眠や抑うつ，自傷行為なども起こりうる。そうした場合には，精神科医や心療内科医，カウンセラーなど専門家が介入することが求められる。

　筆者の経験を述べれば，「患者」という立場にある時には，家族は医療関係者のケアを受けやすい状況にある。「患者」の家族も，「患者」のケアのキーパーソンとして重視され，情報提供がされ，意思確認もされ，相談も頻繁に受けられる状況にある。しかし，その「患者」が亡くなり「故人」となると，それを契機に，故人は医療システム的には「患者」ではなくなるために，家族は「遺族」となり，医療機関との関係を切り離されてしまう。そのため，遺族が死別の喪失に関連して経験している悲嘆がたとえ複雑なものであったり積極的介入が必要なほどにメンタルヘルスが悪化していたりしたとしても，医療機関から切り離されている環境下に置かれているためにケアされずに放置されがちである。日本では，家族形態も核家族化しており，また近所づきあいも少なくなっているために，地域でのサポートも少なくなっていること，さらに遺族本人も自責の念をもっていたり適応障害があったりするために孤立しがちであることが，こうした事態をさらに深刻化している。遺族に対するケアという意識を強くもって，必要に応じてかかわる姿勢をもつことが，専門家にも求められるといえる。

　そのためには，本来は，医療機関から遺族に対して，遺族が相談をしてもいいという意思表示を行い，実際に相談を受けられる体制づくりをするのが望ましいだろう。遺族から相談を受けたときには，話を聞き，

必要に応じて同じ遺族の集まりなどについての情報提供をすることもできる。さらには，こうしたケアについて医療機関内で完結することは難しいので，NPO・NGOや宗教関係者，葬儀関係者，精神科医，看護師，カウンセラーなどと実際的な連携をしていくことが有用となる。

学習のヒント
1. 災害による遺族らの悲嘆はどういった特徴があると考えられるだろうか。いずれかひとつ，特定の災害を想定し，本章の記述内容に加えて，自身でもさらに考察を深めてみよう。
2. 身近な人を亡くした人に接する場合に，どのような注意を払って接したらいいのか，考えてみよう。

参考文献

ウォーデンJW（山本力・監訳）『悲嘆カウンセリング──臨床実践ハンドブック』（誠信書房　2011）

垣添忠生『妻を看取る日　国立がんセンター名誉総長の喪失と再生の記録．P 190』（新潮文庫　2013）

金子絵里乃『ささえあうグリーフケア──小児がんで子どもを亡くした15人の母親のライフ・ストーリー』（ミネルヴァ書房　2009）

キューブラー・ロスE（鈴木晶・訳）『死ぬ瞬間──死とその過程について』（中央公論新社　2001）

小島操子『末期患者の近親者への悲嘆への援助．ターミナルケア，1，p 375-378』（1991）

小西聖子（編著）『犯罪被害者のメンタルヘルス（白井明美：第8章　遺族のメンタルヘルスと対応）』（誠信書房　2008）

高橋聡美『グリーフケア　死別による悲嘆の援助』（メヂカルフレンド社　2012）

富田拓郎，菊地安希子（監訳）『喪失と悲嘆の心理療法──構成主義からみた意味

の探求』(金剛出版　2007)

ニーメヤー RA (鈴木剛子・訳　29-37)『＜大切なもの＞を失ったあなたに——喪失をのりこえるガイド』(春秋社　2006)

平山正実『自死遺族を支える』(東京：エム・シー・ミューズ　2009)

山崎喜比古, 井上洋士 (編)『薬害 HIV 感染被害者遺族の人生 (溝田友里：9章　遺族の健康問題と生きる支え)』(東京大学出版会　2008)

11 | 自己決定権

高橋祥友

≪目標＆ポイント≫　現代社会においてはさまざまな領域で，自己に関連する決定はあくまでも本人自身に委ねられるという自己決定権が強く叫ばれている。本章では医療における自己決定権に焦点を当てる。歴史を振り返ってみて，自己決定権をまったく無視したヒトを対象とする科学研究がどのように行われてきたのだろうか。そして，その反省をもとに成立した現代医療における自己決定権について考えていく。
≪キーワード≫　自己決定権，ヒポクラテスの誓い，人体実験，ヘルシンキ宣言，インフォームド・コンセント

1. はじめに

　かつては，医師に対して病気や治療について質問することがはばかられるような雰囲気があった。そのような情報は専門家だけのものであり，素人の患者は黙ってそれに従うべきだという暗黙の了解があったからである。また，歴史を振り返ると，被験者の同意を得ないまま行われた人体実験の例も古今東西にその例がある。しかし，今では患者には自分の病気に対する説明を受け，治療の効果や副作用について十分に納得したうえで，治療を受ける当然の権利があるとされている。そこで，インフォームド・コンセントの概念を中心として，自己決定権について取り上げていくことにしよう。

2. ヒポクラテスの誓い

　表11-1に挙げたヒポクラテスの誓いは，医学の分野で活動する者であれば，かならずどこかで目にしたことがあるはずである．ギリシアの

表11-1　ヒポクラテスの誓い

医の神アポロン，アスクレーピオス，ヒギエイア，パナケイアおよびすべての神々よ．私自身の能力と判断に従って，この誓約を守ることを誓う．
・この医術を教えてくれた師を実の親のように敬い，自らの財産を分け与えて，必要ある時には助ける．
・師の子孫を自身の兄弟のように見て，彼らが学ばんとすれば報酬なしにこの術を教える．
・著作や講義その他あらゆる方法で，医術の知識を師や自らの息子，また，医の規則に則って誓約で結ばれている弟子達に分かち与え，それ以外の誰にも与えない．
・自身の能力と判断に従って，患者に利すると思う治療法を選択し，害と知る治療法をけっして選択しない．
・依頼されても人を殺す薬を与えない．
・同様に婦人を流産させる道具を与えない．
・生涯を純粋と神聖を貫き，医術を行う．
・どんな家を訪れる時もそこの自由人と奴隷の相違を問わず，不正を犯すことなく，医術を行う．
・医に関するか否かにかかわらず，他人の生活についての秘密を遵守する．
この誓いを守り続ける限り，私は人生と医術とを享受し，すべての人から尊敬されるであろう！　しかし，万が一，この誓いを破る時，私はその反対の運命を賜るだろう．

〔出典：ヒポクラテス（小川政恭　訳）『古い医術について』（岩波文庫 1963）〕

医師ヒポクラテス（紀元前460年頃〜370年頃）が，医師の職業倫理についてまとめた宣誓文であり，長期にわたり医学教育の根幹をなしてきた。ヒポクラテスは，それまで広く行われていた呪術的な治療を批判し，科学的視点による医学の基礎を築き，「医学の父」と称されている。誓いは，金銭的報酬だけを目的に医療を施したり医学を教えたりすることを戒め，人命を尊重し，患者のための医療を施すこと，医師間の相互扶助，患者の秘密を守る義務などについて取り上げている。

　医師が守るべき倫理規範が今から2000年以上も前にまとめられたことについては高く評価されてきたいっぽうで，医師の独善性を認める根拠となり，パターナリズム（paternalism）を助長するという批判もある。また，現代の医療にはもはや馴染まない部分も多くある。パターナリズムとは，強い立場にある者が主導権を握り，弱い立場にある者の庇護者として振る舞い，本人の意思に反してでも何らかの決定や行動に干渉することを指す。これとは対照的に，自己決定権（autonomy）とは，自己に関連する決定はあくまでも本人自身に委ねられるべきであるという意味である。

3．人体実験

　さて，本章の主題である自己決定権とはまったく逆の方向に走ってしまった出来事として，本人の同意に基づかない人体実験がある。同意どころか，そもそもその目的さえ被験者に説明されないこともあった。このような例は古今東西にその記録があるのだが，組織的かつ大規模に実施された人体実験として，第二次世界大戦中にナチス・ドイツが行ったさまざまな実験が広く知られている。戦争終了後，連合国の手でナチス・ドイツによる人体実験の実態が次々に明らかにされていった。

たとえば，超高度や低体温に人間がどの程度まで耐えられるか，海水の飲用がどの程度の影響を及ぼすのかといった，戦争の遂行に直接かかわる特殊環境における人間の耐性に関する実験，マラリア，流行性肝炎，発疹チフスなどの感染実験，毒ガスや毒物に関する実験，骨・筋肉・神経の再生実験，骨移植実験，毒ガスや重症熱傷に対する治療実験，断種，ユダヤ人骨標本のデータ化，そして，障害者の安楽死にまで及んだ。被験者にその目的を知らせるどころか，参加についての自由意思などまったく配慮されず，強制的に実施された人体実験であった。

　対象となったのは，多くがユダヤ人であったが，そのほかにも，ポーランド人，ロシア人兵士（捕虜），ロマの人々，ドイツ国民であっても高齢者，末期患者，先天性の障害者，犯罪者，反体制派の人々さえその犠牲となった。

　現代から見ると，このような非人道的な行為がなぜ行われたのであろうかという疑問が当然浮かぶのだが，その背景にはアーリア民族の優位性を信奉する独特の思想的な背景があった。ナチスの優越人種主義的視点からすると，一方ではきわめて優秀な人種としてのドイツ人（「アーリア人」）が存在し，その対極に下等な人種であるユダヤ人，スラブ人，ロマの人々，黒人，アジア人が位置するという人種間の独特な序列があった。また，同じドイツ人の中でも，優秀な人々（健康で逞しく，多産で，理想国家建設に貢献できる人々）と劣等な人々（病人や障害者，共通の理念を共有できない反体制派の人々で，国家建設の妨げになる人々）という人種内での序列も存在した。その結果，ユダヤ人，ロマの人々，ポーランド人，ロシア人に対する大量殺害や人体実験が生じ，高齢者や障害者に対するT4（安楽死）計画へと向かった。

　要するに，いずれ抹殺される予定の強制収容所のユダヤ人などを「有効に」利用すべきであるという思想であり，さらに，自国民であって

も，高齢者，末期患者，先天性の障害者，犯罪者，反体制派の人々といった，理想国家建設に貢献できない，社会の「負担」となるだけの者を抹殺すべきだとする思想が存在したことも否定できないだろう。

　なお，ここでは一例としてナチス・ドイツによる人体実験の例を解説したのだが，ほかにも同様の事例が歴史上には認められる。たとえば，わが国を見ても，第二次世界大戦時に，陸軍の731部隊による中国人を対象とした毒ガスの人体実験や，戦争末期に福岡付近で墜落させられたB-29搭乗員を対象とした生体解剖事件などがある。

4．ニュルンベルク綱領とヘルシンキ宣言

　第二次世界大戦中のナチス・ドイツによるユダヤ人らに対する大量虐殺や人体実験などが，戦後，ニュルンベルク裁判において反倫理的・反社会的な犯罪として裁かれた。そして，1947年にニュルンベルク裁判の結果として提示されたニュルンベルク綱領があり，研究目的の医療行為（臨床試験および臨床研究）を行うにあたって厳守すべき10項目の基本原則を宣言した。医学研究の目的であったとしても，被験者の意思と自発的な同意が確保されなければならないと宣言されたのである。あくまでもヒトを対象とした実験をしなければならない必然性が求められるとともに，不必要な苦痛，後遺症，死をもたらすことがあってはならないとしている。ニュルンベルク綱領の10項目を以下に挙げる。

①被験者の自発的な同意が絶対に必要である。この意味は，ⅰ）被験者が，同意を与える法的な能力をもつべきであり，ⅱ）圧力や詐欺，欺瞞，脅迫，陰謀，その他の隠された強制や威圧による干渉を少しも受けることなく，自由な選択権を行使できる状況に置かれなければなら

ず，ⅲ) よく理解し納得したうえで意思決定を行えるように，関係する内容について十分な知識と理解力を有するべきであるとされた。ⅲ) の要件を満たすためには，実験の性質，期間，目的，実施の方法と手段，予測される危険性，実験に参加することによって生ずる可能性のある健康への影響を，被験者に知らせる必要があり，それを理解したうえで，被験者から肯定的な意思決定を受けなければならない（ⅲ) は現代におけるインフォームド・コンセントの概念とほぼ同様である）。

②実験は，社会の福利のために実り多い結果を生むとともに，ほかの方法や手段では行えないものである必要があり，無計画あるいは無意味に行うべきではない。

③予想される結果によって実験の遂行が正当化されるように，実験は念入りに計画され，動物実験の結果および研究中の疾患やその他の問題に関する基本的な知識に基づいて行われるべきである。

④あらゆる不必要な身体的，精神的な苦痛や傷害を避けて，実験は行われなければならない。

⑤死亡や障害を引き起こすことがあらかじめ予想される場合には，実験は行ってはならない。ただし，実験する医師自身も被験者となる実験の場合は，例外としてよいかもしれない。

⑥実験に含まれる危険性の度合いは，その実験により解決される問題の人道上の重大性をけっして上回ってはならない。

⑦傷害や障害，あるいは死をもたらす僅かな可能性からも被験者を保護するため，周到な準備がなされ，適切な設備が整えられるべきである。

⑧実験は，科学的有資格者によってのみ行われるべきである。実験を行う者，あるいは実験に従事する者には，実験の全段階を通じて，最高度の技術と注意が求められる。

⑨実験の進行中に，実験の続行が耐えられないと思われる程の身体的あるいは精神的な状態に至った場合，被験者は，実験を中止させる自由を有するべきである。
⑩実験の進行中に，責任ある立場の科学者は，彼に求められた誠実さ，優れた技能，注意深い判断力を行使する中で，実験の継続が，傷害や障害，あるいは死を被験者にもたらしそうだと考えるに足る理由が生じた場合，いつでも実験を中止する心構えでいなければならない。

　さて，ニュルンベルク綱領を受けて，1964年にフィンランドの首都ヘルシンキで開催された第18回世界医師会総会において，医学研究における倫理規定であるヘルシンキ宣言が採択された。正式名称は，「ヒトを対象とする医学研究の倫理的原則」である。この宣言はその後も何度か修正を加えられている。宣言の保護対象が単にヒトだけにとどまらず，ヒト由来の臓器，組織，細胞，遺伝子，診療情報に及び，宣言の対象者は医学研究にかかわるすべての人々が含まれる。そして，医療機関および医学研究機関に倫理委員会の設置し，ヒトを対象とした実験において倫理規定が遵守されているかを監視するように求めている。ヘルシンキ宣言の主な項目は以下の通りである。

①**患者・被験者にとっての福利の尊重**：患者や被験者にとっての利益と害について十分に検討し，研究によってあくまでも前者が後者を上回ると判断されていなければならない。
②**本人の自発的・自由意思による参加**：患者や被験者が誰からも強制されずに，自らの意思で，自発的に研究に参加することが前提となっていなければならない。
③**インフォームド・コンセント取得の必要**：被験者は，研究のもたらす

効果と副作用，それ以外の選択肢，説明された内容を受けなかったとしても不利益を被らないことなどを十分に説明されて，同意したうえで，研究に参加することが保証される。
④**倫理審査委員会の存在**：専門家により研究の倫理的側面を監視する委員会の設置が義務付けられている。
⑤**常識的な医学研究であること**：実施する前に，研究がもたらす効果が患者の福祉に貢献することが十分に予想される研究であることが保証されている必要がある。

5．インフォームド・コンセント

　さて，医学の進歩によって，これまでは不治の病であったものに対し画期的な治療法が開発されたように思われたとする。これをただちに臨床の場で活用するということは現代の医療場面では許されることではない。動物実験でその効果や安全性を確認した後には，ヒトを対象とした，臨床治験へと進んでいく。ただし，その際にはインフォームド・コンセント（informed consent）という手続きを踏まなければならない。これは，臨床研究ばかりでなく，新たな治療法を実施したり，手術をする場合にもかならず踏んでおかなければならない手順である。

　かつては，医師に対して病気や治療法について質問すると，患者が医師に対して不信感をもっていると思われるのではないかと不安になるような雰囲気がたしかにあった。あくまでも医学上の判断をするのは専門家である医師であって，素人の患者は医師の判断に疑いをもたずに，ただ黙って従うべきであるという風潮があった。しかし，今では患者には，臨床研究に参加する際や，新たな治療法を受ける前に，研究や自分の病気に対する説明を受け，治療の効果や副作用，ほかの治療について

十分に説明されて，納得したうえで，治療を受ける当然の権利があるというのが社会的合意となっている。

インフォームド・コンセントはかつては「告知同意」「説明と同意」「説明されたうえでの同意」など，さまざまな訳があった。しかし，最近ではそのままインフォームド・コンセントが用いられることが多くなった。しかし，この言葉がなじんできたのは，比較的最近のことといってよいだろう。

日本医師会（2006）は，医師が患者に対して説明しなければならない項目として，以下の点を挙げている。

①治療の目的
②実施方法
③効果や副作用
④ほかの治療法
⑤プライバシーの保護
⑥参加を途中でやめても不利益を被らないという保障

インフォームド・コンセントは患者の主体的な決定権を守ることに意味があるので，同意説明文書をもとに，これらの事項について患者が理解できる言葉で説明されて，患者はどのような質問をしてもよく，それに十分に答えられて，患者が納得し，同意説明文書に患者が署名したうえで治療を受けることを，日本医師会の報告書は繰り返し強調している。

従来の医療では，医療父権主義（medical paternalism）が優勢だった。これはヒポクラテスの誓いにまでさかのぼる医師の伝統的な考えであり，患者にとって最善の利益を決定する責任は医師の側にあり，医師は

専門的な知識や経験をもとにして，患者にとってもっとも有益な治療法を選択すべきであるという考え方である。

それに対して，患者主権主義は比較的最近になって主張されるようになってきた概念であり，患者はみずからの健康にかかわる治療の選択に関して，決定する権利は自分自身にあるとしている。インフォームド・コンセントはパターナリズムが優勢であった時代にはおよそ考えられない概念であった。

なお，高瀬昭治はインフォームド・コンセントの成立に必要な5条件を挙げている（斎藤，1998）。

①**開示**：さまざまな情報を公開する。ある治療を実施した場合に，どのような効果，および危険や副作用が生ずる可能性があるのか，すべての情報を患者に提供する。
②**理解**：医師は患者が理解できる言葉で説明しなければならない。
③**自発性**：医師から説明を受けたうえで，患者が自発的に治療を受けることを承認する。医師は患者を誘導したり，強制したりしてはならない。医師の判断を受け入れなかったとしても，何ら不利益を被ることはない。
④**能力**：患者に判断能力があることが前提となる。本人に判断能力がないと判断された場合には，代諾権者のインフォームド・コンセントをとる（たとえば，未成年の場合は，親権者）。
⑤**同意**：すべての説明を受けたうえで，最終的に治療に同意するか否かの決定権は患者の側にある。

6. インフォームド・コンセントに関する個人的な経験

　以上，簡単にまとめると，インフォームド・コンセントとは，原因，病状，予後，治療の目的・方法・期間，提案された治療に伴う危険性と副作用，その治療を受けなかった場合に予想される結果，助言された治療以外の選択肢，必要に応じてセカンド・オピニオンを求められること，提案された治療を拒否しても不利益を被ることがないなどといった点について患者が理解できる言葉で医師から説明され，患者が自由意思に基づいて同意したうえで，治療を受けることといえるだろう。

　しかし，現実の場面ではどうだろうか？　筆者の個人的な経験を通じてインフォームド・コンセントについて考えてみたい（なお，このような個人的な経験があるからといって，インフォームド・コンセントの重要性を否定するものではけっしてないことを断っておく）。

　今から20年近く前のことになるが，筆者（当時41歳）の姉（当時44歳）が乳がんと診断され，手術することになった。それに先立ち，担当医から説明があった。姉は医師である筆者に説明の際に同席してほしいと頼んできたので，姉と義兄とともに担当医の説明に立ち会った。

　外科医である担当医は誠実な態度で次のような内容を懇切丁寧に説明してくれた。乳がんの初期であること，手術の方法，手術後に予定している化学療法とその副作用，予想される入院期間，手術によってもたらされると予想される日常生活の変化，もしも手術を望まない場合にはその他の選択肢などについて詳しく説明してくれた。前述したインフォームド・コンセントの要件にほぼ一致している説明であると，筆者は感心して聞いていた。希望をもてるデータも，そして否定的なデータについても，ざっくばらんに情報を開示する姿勢に医学の進歩を感じたほどで

あった。筆者の姉は担当医の説明に同意し，手術を受けることに同意した。

　さて，説明を受けた後に筆者と姉が示した反応は対照的であった。担当医は説明の中で，がんの細胞診の結果について触れた。その瞬間，筆者には医学生時代に学んだ病理学の知識が戻ってきた。乳がんの中でも，転移の可能性が高い予後不良ながんではないかとの不安が一挙に高まった。予想される事態の中で最悪のシナリオが筆者の頭の中で駆けめぐり，まだ幼かった姪と甥の姿が浮かんだほどであった。

　さて，説明が終わり，筆者らは部屋を出て，病院内の喫茶店に入って，担当医の説明について話し合った。しかし，姉と言葉を交わして，筆者は驚いた。というのも，筆者は不安な気持ちで姉の言葉を待っていたのだが，姉は実にあっけらかんとした表情で，「要するにさっきの先生の説明は，手術を受ければ，すっかりよくなるということでしょう」と言ったのだ。

　担当医の説明を聞いて，姉と筆者のどちらが深く理解できていたかというと，明らかに筆者のほうだろう。もちろん，担当医は医学的な知識のない素人の姉が理解できるような言葉で，時間をかけて丁寧に説明してくれた。また，姉も説明を理解するのに十分な知的な能力があった。

　ここで，筆者が驚いたのは，患者である姉が示した健康な意味での否認（denial）の機制であった。誠実な担当医はけっして楽観的な保証をしただけではなく，厳しい予後を示す否定的な情報についても包み隠さず説明してくれた。しかし，姉はもののみごとに否定的な情報を心の片隅に追いやってしまったのだ。

　この経験ほど，一般の人と医療関係者では医学的な事実に対する理解に大きな隔たりが生ずる可能性があるという現実を筆者に認識させてくれたことはなかった。医師が患者に理解できるような言葉で説明しよう

と懸命に努力したとしても，患者が理解したことと，現実に直面することとの間には大きな隔たりがある。この経験をして以来，筆者自身，患者に対して言葉を選んでよりいっそう慎重に説明するようになった。

筆者がこの経験を例に出したのは，何も情報の公開を否定しているからではない。医師のもっている知識と，一般の知識しかない患者の側の理解の間にはしばしば大きな隔たりがある例として挙げたのである。

最先端の豊富な知識を有する専門家の説明が，自分が病気になるまではまったくその分野について関心もなかった素人の患者に，はたして十分に理解できるものなのだろうか？　否認の機制も働くし，また，それは健康な反応である場合も多い。専門家である医師がいかに事実を正確に説明したところで，患者は与えられた情報を自分の置かれた状況に応じて歪曲してしまうことさえある（蛇足になるが，幸い再発はなく20年近く経った今，筆者の姉は元気に暮らしている。医学的知識に基づいた筆者の悲観的な予測を，姉の生命力が完全に裏切ったのだ。最近では本人は「乳がんというのは誤診で，良性の腫瘍だったのではないか」とさえ話しているほどである）。

姉の場合，説明を聞いて動揺しないことがむしろ心理的な健康度を示していたといえるかもしれない。これとは正反対に，悪性疾患の告知や予後不良の説明をされてひどく動揺してしまう患者もいることだろう。ただ告知すればよいというだけではなく，その後も患者の動揺をどのように受け止めるかという点についてまで配慮していなければ，完全なインフォームド・コンセントとはいえないだろう。

7．まとめ

ヒポクラテスの誓いに明らかなように，長期にわたり，医師は専門家

として，患者の幸福に最大限貢献するように判断することが職業上の倫理であると強調され，医学的知識のない患者自身の判断はあまり重視されてこなかった。被験者の同意に基づかないナチス・ドイツによる人体実験のような事例は歴史上けっして稀な出来事ではなかった。そのような事件に対する反省をもとに，現代ではインフォームド・コンセントが医療の基本となっている。新たな治療を始める際には，患者は自分の病気に対する説明を受け，治療法の効果や副作用，他の治療法について十分に納得したうえで，治療を受ける当然の権利がある。

学習のヒント
1. 自分や家族が病気になった時に，医師から説明された経験を思い出してみて，インフォームド・コンセントの原則に則ったものであったか考えてみよう。
2. ナチス・ドイツによる人体実験が行われた社会・文化的背景についてまとめてみよう。
3. ヒポクラテスの誓いを読んで，現代社会では不可解に思われる点や非合理的な部分についてまとめてみよう。

参考文献

小俣和一郎『精神医学とナチズム』（講談社現代新書 1997）
斎藤隆雄・監修『生命倫理学講義』（日本評論社 1998）
高橋祥友『生と死の振り子；生命倫理とは何か』（日本評論社 2001）
日本医師会『医師の職業倫理指針』（日本医師会雑誌 131（7）付録：1-45 2004）
ヒポクラテス（小川政恭・訳）『古い医術について』（岩波文庫 1963）

12 | ターミナルケア

高橋祥友

≪目標＆ポイント≫　医療技術が画期的に進歩した現代社会においても，人はいつかかならず死を迎える。人生の終末期において，単に延命を図るのではなく，身体的苦痛や心理的苦痛を和らげ，生活の質を保ちつつ，穏やかに死を迎えられるようにするには，どのような点について考えていかなければならないのだろうか。誰にもいつか迫り来る死とその際にどのような治療を望むかについて考えてみよう。
≪キーワード≫　ターミナルケア，緩和ケア，終末期医療，ホスピス，QOL

1. はじめに

　医療技術の画期的な進歩に伴い，以前ならば絶望的であった多くの病気に対する治療法が開発されてきた。しかし，それでも人間は何らかの病気でいずれかならず死ぬという現実に変わりはない。そこで，1960年代から1970年代頃にかけて，終末期にある患者をどのようにケアすべきかという問題が現実のものとなってきた。以前はターミナルケア（terminal care）と呼ばれていたが，近年では，身体的・心理的苦痛を和らげて，患者が自らの死を誇りをもって受け入れていくことを助力するという点を強調して，緩和ケア（palliative care）という言葉がよく用いられる。

　小池は，世界保健機関（World Health Organization：WHO）による緩和ケアの定義が時代によって変遷してきたことを次のように紹介して

いる。

　1990年には，WHO は緩和ケアについて「治癒不能な状態の患者および家族に対して行われるケア」と定義していた。しかし，2002年の定義では，「生命を脅かす疾患による問題に直面している患者とその家族に対して，疾患の早期より，痛み，身体的問題，心理社会的問題，スピリチャルな問題に関して適切な評価を行い，それが障害とならないように予防したり対処したりすることによって，生活の質（quality of life：QOL）を改善するためのアプローチ」であるとされている（小池真貴子「ターミナルケア」國分康孝・編『カウンセリング心理学事典』pp. 428-429，誠信書房　2008）。

要するに，緩和ケアとは，迫り来る死に直面している患者に対して，単に医学的な介入だけではない総合的なアプローチを通じて，QOL を保ちながら，最期の時まで患者をサポートしていこうという考え方である。

2．死にゆく心理過程の5段階

　さて，エリザベス・キューブラー・ロス（Elisabeth Kübler-Ross）が，末期患者のケアにあたった経験に基づいて，死にゆく患者の心理過程として図12-1のような5段階を提唱したことは広く知られている。末期がんであることを告知された患者は，以下のような5つの心理的段階を経て，自らに迫り来る死を徐々に受容していくというのである。

①否認：「いや，私が癌などでは絶対にあるはずがない！　何かの間違

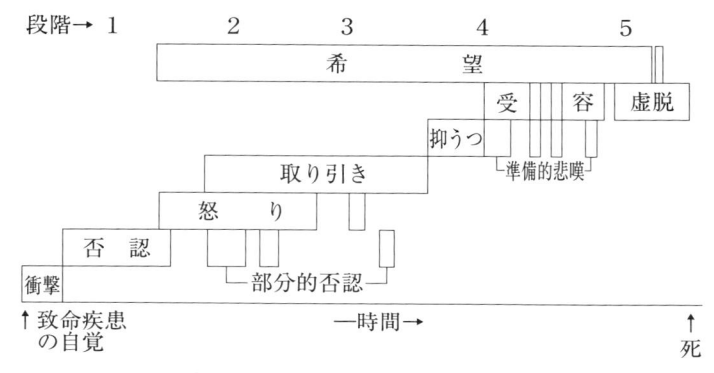

```
段階→   1      2        3       4      5
              ┌─────────────────────────┐
              │          希    望        │
              └─────────────────────────┘
                              ┌──┬──┬──┐
                              │受│容│虚脱│
                              ├──┘  │  │
                              │抑うつ│  │
                         ┌────┼──┐  │  │
                         │取り引き│準備的悲嘆
                         └────┤  │  │  │
                    ┌────┤怒 り│  │  │  │
                    │否 認│    │  │  │  │
               ┌────┤    │    │  │  │  │
               │衝撃│    │─部分的否認─│  │
               └────┴────┴────┴──┴──┴──┘
        ↑致命疾患            ─時間→              ↑
         の自覚                                   死
```

図12-1 死に至る心理的5段階

〔出典：Kübler-Ross, E.（川口正吉 訳）『死ぬ瞬間：死にゆく人々との対話』（読売新聞社 1971）〕Adapted with the permission of Scribner Publishing Group from the Macmillan Edition of ON DEATH AND DYING by Dr. Elisabeth Kubler-Ross. Copyright©1969 by Elisabeth Kubler-Ross. Copyright©renewed 1997 by Elisabeth Kubler-Ross. All rights reserved. Rights arranged through Japan UNI Agency, Inc., Tokyo

いだ」
② **怒り**：「どうして，よりによって，この私が死ななければならないのだ？」
③ **取り引き**：「もしも～してくれたら，私は～することを約束する」
④ **抑うつ**：「何の希望もなくなってしまった」
⑤ **受容**：最終的に確実に起きる死という現実を徐々に受け入れていく

　さらに，キューブラー・ロスの分析によると，「すべての段階で一貫して存在しているのは希望（例：「私はけっして死なない」）である」という。
　キューブラー・ロスは，各段階の患者の割合や，最後の段階にまで達しなかった患者にどのようなことが生じたのかについて詳しく述べてい

ない。きわめて重要な疑問としては，患者がどのようにして否定的な感情状態（特に最初の4つの段階）から受容の状態へと移行していくかという点がある。

　エドウィン・シュナイドマン（Edwin Shneidman）をはじめとする多くの精神保健の専門家は，このあまりにも有名なキューブラー・ロスの5段階説に疑義を呈している。実際のところ，死にゆく患者を面接して，その否認，怒り，取り引き，抑うつ，受容を見ていくと，それらはかならずしも死にゆく過程に定型的に現れる「段階」であるとは確認できないし，普遍的な順で段階が進んでいくなどということはけっしてないとシュナイドマンは述べている。死にゆく過程とは複雑な知的および感情的な状態が混在したものであり，移ろいやすく，短期間のうちにある段階からほかの段階へと変化し，その人物の全人格や人生観（本質的に楽観的な態度や人生への感謝，あるいは，広範な厭世観と人生に対する猜疑的な態度）といった背景に関連しているという。

　死にゆく人が呈しているさまざまな感情とは，キューブラー・ロスが提唱した明確な5段階というよりは，常に出没を繰り返すさまざまな感情である。不信と希望，それらを背景にして，苦悩，恐怖，黙従，降伏，怒り，羨望，無関心，倦怠，虚偽，侮辱，勇気，そして，死への渇望といった感情が強まったり，弱まったりしていく。これらの感情はすべて当惑と苦痛という状況で生じている。死を受け入れていく過程は，キューブラー・ロスが主張するような決まりきった段階などではなく，個々人でまったく異なる現れ方をする。

　一方向性に決まった段階を進んでいくというよりはむしろ，受容と否認の間を激しく揺れ動いていくというほうが現実である。否認はもっとも興味深い精神力動的現象である。死にゆく人が周囲の人々に対して目前に迫った死について真に受け入れていることを驚くほどの率直さで数

日間続けて語っていたかと思えば，翌日には，退院して旅に出るなどとおよそ非現実的な空想のような話をして，周囲の人々を驚かすこともある。この受容と否認の間の相互作用，すなわち現実に起きていることへの理解と現実を神秘的な形で否認することの間の相互作用は，末期状態にある人の精神内界全体の混沌を示しているのかもしれない。死を受容していく過程とは個々人でそれぞれに大きく異なることを理解しておく必要がある。死とは人間にとってすべての不安や恐怖の源かもしれない。したがって，ある人物がこれまでの人生において，危機的な状況をどのように乗り越えてきたかは，迫り来る死を前にして，さまざまな形で反映されるものであるだろう。

3. 緩和ケアとは

終末期における患者の心理的苦痛や身体的苦痛を和らげ，生活の質を保ったうえで人生の最後を過ごすことを援助するという意味で，最近では緩和ケアという言葉がしばしば使われている。

NPO法人　日本ホスピス緩和ケア協会のウェブサイトに「緩和ケアとは」という項目がある（表12-1）。それに沿って，筆者の考えを補筆していこう。緩和ケアとは，末期状態に置かれた患者にとって，心理的，身体的，霊的（スピリチュアルな）苦痛を和らげつつ，健康な時と比べると限られた能力であってもそれを積極的に活用して，人生で残された時間をいかにしてその人らしく過ごすことができるかを総合的に助力することである。

痛みやその他の苦痛な症状から解放する：近い将来に死が迫り来ることを実感している患者にとって，最大の苦痛は病気のもたらす身体的な疼痛であろう。しかし，現在の治療技術をもってすれば，適切な疼痛緩

表12-1　緩和ケアとは

- 痛みやその他の苦痛な症状から解放する
- 生命を尊重し，死を自然の過程と認める
- 死を早めたり，引き延ばしたりしない
- 患者のためにケアの心理的，霊的側面を統合する
- 死を迎えるまで患者が人生を積極的に生きてゆけるように支える
- 家族が患者の病気や死別後の生活に適応できるように支える
- 患者と家族（死別後のカウンセリングを含む）のニーズを満たすためにチームアプローチを適用する
- QOLを高めて，病気の過程に良い影響を与える
- 病気の早い段階にも適用する
- 延命を目指すそのほかの治療（化学療法，放射線療法）とも結びつく
- 臨床的な不快な合併症の理解とその対応の推進に必要な諸研究を含んでいる

〔出典：NPO法人　日本ホスピス緩和ケア協会　http://www.hpcj.org/index.html〕

和は可能である。もちろん，現実の身体的疼痛ばかりではなく，患者はそのほかにもさまざまな苦痛を抱えている。自分の死後に家族がどう生きていくのか，家族が経済的な問題を抱えないか，遺産相続で仲違いが起きないか，家族が精神的に疲弊しきってしまわないか，自分の人生に対する満足感や不満足感，人生で出会ったさまざまな人々との葛藤とその和解，これまでの自分の人生がどのような形で遺された人々に記憶されるのかといった不安や心配は尽きない。このような苦痛に対して全般的な働きかけが必要になる。

　生命を尊重し，死を自然の過程と認める：誰もがかならず死を迎えるという現実を，成人であれば知識として理解している。しかし，死が他者に訪れるのではなく，自らの身の上に起きるという現実を冷静に受け止められる人ばかりではない。1人称の死は，3人称の死とは決定的に

異なる様相を帯びてくる。そこで，近い将来に自らに確実に起きる死を穏やかな気持ちで受け止められるように助力する必要がある。

死を早めたり，引き延ばしたりしない：医学の発展により，以前であれば亡くなっていたであろう人を延命させることも可能になっている。ただし，緩和ケアの重要な目的として，QOLを十分に確保したうえで終末期を送ることができるように助力するという点がある。意識がないまま，病室で多くのチューブにつながれ，単に生きているといった状態を積極的に望む人は稀だろう。単に延命だけを目的としたり，逆に時期尚早な死をもたらしたりするのではなく，ごく自然な寿命を全うするように働きかけることが緩和ケアの重要な目標となる。

患者のためにケアの心理的，霊的側面を統合する：生から死への架け橋は，医療の立場からだけでは十分に行うことができない。患者が自分の人生を振り返り，ある程度の満足感を覚えながら，未体験の死を受け入れていくことを助力するには，聖職者の協力も必要になってくる。最近のホスピスでは，僧侶，牧師，神父といった人によるケアが行われているところも出てきているので，そのような人々からも援助が得られるように配慮する。

死を迎えるまで患者が人生を積極的に生きてゆけるように支える：患者が強い不安を抱きながら死を待ち受けるというのではなく，各段階で残されている能力を活用しながら，患者なりに人生に積極的な意義を見出して残りの日々を暮していけるように助力することも重要である。

家族が患者の病気や死別後の生活に適応できるように支える：死とは，けっして死にゆく人自身の問題だけではない。近い将来現実のものとなる，愛する人の死を受け入れていくことは，その人と強い絆のあった人にとっても重要な人生の課題となる。愛する人の死が現実になった時に，遺される家族や知人もさまざまな問題を抱えることになるのだ

が，それでも人生に立ち向かっていかなければならない。そのための助力をするのも緩和ケアの重要な目標である。愛する人の死が人生の意味をあらためて考える機会となるような働きかけが必要となる。

患者と家族（死別後のカウンセリングを含む）のニーズを満たすためにチームアプローチを適用する：生と死の問題をすべてひとりの人だけで対処するのは不可能である。疼痛治療が専門の医師，患者の日々の行動を見守る看護師，家族の不安を取り上げる臨床心理士，そして，医療だけではなく，僧侶，牧師，神父といった聖職者の協力も得て，末期患者に対処する態勢が望まれる。このようなチームアプローチによって，患者の現状が立体的に浮かび上がり，その情報を互いにフィードバックすることは医療従事者や家族が患者をより深く理解し，助力するうえで役立つ。

QOLを高めて，病気の過程に良い影響を与える：QOLとは，個々人の人生の内容の質や社会的に見た生活の質のことであり，ある人がどれだけ人間らしい生活や自分らしい生活を送り，自分の人生を幸福であると考えているかを測る概念である。QOLから捉えた「幸福」とは，心身の健康，良好な人間関係，やりがいのある仕事，快適な住環境，十分な教育，レクリエーション活動，趣味などさまざまな観点から測られる。要するに，ある人がどれだけ人間らしい生活や満足できる自分らしい生活を送り，人生に幸福を見出しているかを捉えようとしている。病気を抱え，死が確実な人であっても，最後の日まで自分自身の人生と向きあわなければならない。今や死が近づき，これまでと同様の人生を送ることが不可能であったとしても，制限のある中でも，自分らしい生活が維持できるかが病気の過程にもよい影響を与えることになる。

病気の早い段階にも適用する：いよいよ死が間近に迫った状態だけに緩和ケアが必要なわけではなく，たとえば予後不良な病気の診断を下さ

れた直後から，心身ともに患者や家族に寄り添っていくという態度が緩和ケアの本質である。むしろ，予後不良の診断を下された直後のほうが，これまでの日常生活から分断され，患者や家族の不安や焦燥感はかなり強まっていると予測されるので，この視点は不可欠である。

　延命を目指すそのほかの治療（たとえば，化学療法，放射線療法）とも結びつく：患者の心理的，霊的な支えになるといったことによって，現代医学がもたらすさまざまな治療技術を統合することを目指す。

　臨床的な不快な合併症の理解とその対応の推進に必要な諸研究を含んでいる：患者の延命を図ろうとする治療法であっても，あまりにも苦痛が強くて，QOLを極端に下げるようなことになってしまっては本末転倒である。合併症を最小限にとどめるための総合的な研究も緩和ケアにとって欠かせない。

4．終末期治療にどこまでを望むか

　さて，自分が末期状態になった時にどの程度までの医療を求めるかを考えておくことも重要であるだろう。リビング・ウィル（living will）は，不必要な延命を求めないことを，健康で判断力が保たれているうちに，自己の意思として書面に残して明らかにしておくことである。これは尊厳死においてしばしば用いられる言葉であるが，それ以外についてもあらかじめ自己の意思を明らかにしておくことが望ましい。

　かつてのわが国では自宅での看取りがごく普通に行われていた。無機質な病室で最後の時間を送るよりも，残された時間を自宅で家族に囲まれながら過ごしたいと考える人も当然いるだろう。最近では，在宅で緩和ケアを実施している医療機関も増えてきている。あるいは，家族の負担になるのを心配し，最新の設備が整った病院で身体的苦痛を緩和され

ることを望む人もいるだろう。

　さまざまな問題を抱えながらも，社会の庇護を受けられなかった人をケアするという意味でのホスピスは歴史上古くからあるのだが，最近の意味で用いられるホスピスは20世紀半ば以後に建てられた。1967年，シシリー・ソンダース（Cicely Saunders）が，ロンドンにセント・クリストファー・ホスピスを建設し，余命わずかな患者に総合的なケアを目指した，近代ホスピスの基礎を作ったのがその始まりである。日本では，1973年に大阪の淀川キリスト教病院にわが国初のホスピス・ケア病棟が精神科医の柏木哲夫によって開設された。独立した病棟としてのホスピスは，1981年，聖隷三方原病院（浜松市）の緩和ケア病棟として開設されている。NPO法人　日本ホスピス緩和ケア協会の調査によれば，2011年時点で，緩和ケア病棟の累計数は225施設，病床累計数は4,473床であり，わが国でも緩和ケア専門の医療機関が徐々に増加していることが明らかである（**図12-2**）。

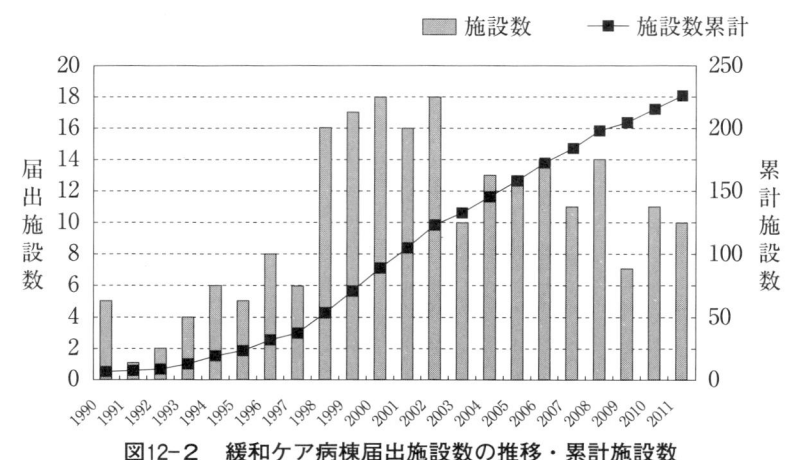

図12-2　緩和ケア病棟届出施設数の推移・累計施設数
〔出典：NPO法人　日本ホスピス緩和ケア協会　http://www.hpcj.org/index.html〕

なお，自発呼吸ができなくなった時点で人工呼吸器を装着するか（あるいは，装着していた人工呼吸器を取り外すか），経口的に食事が摂れなくなった時に，経皮内視鏡的胃ろう造設術（percutaneous endoscopic gastrostomy：PEG）を実施するかといった判断を終末期において迫られることがある。患者自身の意識が混濁していたり，判断能力が極端に低下していると，本人の意思を確認することができない事態も予測される。となると，家族がその意向を尋ねられることになるのだが，医学的な知識のない家族にはその判断は容易ではない。また，家族の中でも判断が分かれてしまうことにもなりかねない。あるいは，最終的な判断を下した人が，その判断が適切なものであったのか後々まで悩むといったことすら予想される。したがって，終末期における積極的な治療をどの程度まで行うかは，各自が健康で判断力があるうちに考えておいて，自らの意思を家族に伝えておくとよいだろう。

　また，自分の死後，臓器を提供したいと考える人もいるだろう。図12-3のような臓器提供意思表示カードを見たことがある人も多いはずである。これはカード付きリーフレットとして全国で設置配布されている。臓器提供の意思は，インターネットで意思登録をするか意思表示カード・シールを被保険者証や運転免許証の意思表示欄に貼っておいて示す（（財）日本臓器移植ネットワーク　http://www.jotnw.or.jp/donation/donorcard.html）。ただし，死後も自分のすべての臓器がほかの人の肉体の中で永遠に存在し続けるというのは一種の幻想であり，高齢になった場合に，臓器の健康度によっては移植に適さない場合もあることも承知しておくべきである。

　また，自分の死後に，遺体を解剖実習のために提供（献体）しようと考える人もいるだろう。医学や歯学の発展を祈り，死後に自分の遺体を解剖学実習用教材となることを約し，故人の意思に沿って医学部や歯学

《1．2．3．いずれかの番号を○で囲んでください。》

1．私は、**脳死後及び心臓が停止した死後のいずれでも**、移植の為に臓器を提供します。

2．私は、**心臓が停止した死後に限り**、移植の為に臓器を提供します。

3．私は、臓器を提供しません。

《1又は2を選んだ方で、提供したくない臓器があれば、×をつけてください。》
【 心臓・肺・肝臓・腎臓・膵臓・小腸・眼球 】

〔特記欄：   〕

署名年月日：　　　　年　　　　月　　　　日

本人署名(自筆)：

家族署名(自筆)：

図12-3　臓器提供意思表示カード
〔出典：(財)日本臓器移植ネットワーク http://www.jotnw.or.jp/donation/donorcard.html〕

部の解剖学教室などに遺体を提供する。これも生前にその意思を表明しておく必要がある。

　なお、人生の回想療法（life review therapy）という、とくに高齢者を対象とした心理療法がある。過去の人生を整理し、その意味を探求することを通じて、人格の統合をめざそうというもので、幼小児期、思春期、青年期、壮年期、結婚、職業、子どもの自立、定年退職、現在、未来というように、患者のこれまでの人生についての情報を系統的に収集していく。高齢者の回想は、自己の人生を整理し、捉え直すという、積極的で自然で普遍的な過程である。そして、治療者が高齢者の回想を共感的・支持的に傾聴することで、高齢者が自分の人生の意味を再確認し、肯定的に受容し、最終的には自我の発達の最終課題である「自我の

統合」につながる．

　過去の人生を回想するのは人間にとって強い内的欲求であり，高齢の患者にはこの精神療法が受け入れやすいようである．自分史をまとめることが健康な高齢者の中で流行しているが，この内的欲求の現われと捉えることができるだろう．人生を回想し，自らの人生の意義を見出し，近い将来に訪れる自己の死を受け入れていくことは老年期の発達の課題でもある．たとえば，写真や日記を眺めながら，人生を振り返ったり，家族の成り立ちを顧みたり，これまでの人生において達成してきたことを再確認していったりする．このように回想療法は高齢患者を対象とした臨床の場で応用しやすい心理療法として関心が払われている．

　専門家による回想法を受ける機会がなくても，ぜひ，自分史をまとめておくことを勧めたい．肉親であっても，その人生を遺された人は知らないことが意外に多いというのが現実であろう．これまでの人生を振り返ることは本人自身にとっても，そして遺される人々にとっても貴重な情報となる．

　文章に起こすだけのエネルギーがなければ，録音しておくというのでもよいだろう．あまり枠にはまらずに思いついたことを記録していく．もちろん，末期状態の患者の語る内容を身近な人が親身になって耳を傾けるという姿勢があれば，より望ましい．愛する人が亡くなった後，断片的な思い出だけが残り，その人がどのような人だったかをありありと思い出すことができないといった経験は多くの人がするものである．そのような時に，故人が自分の人生を書き残した記録があると，会話では語ることができなかった想いを，周囲の人々に伝えることもできる．身近に接していながらも，故人が何を考えていたのだろうかという想いは遺された人にしばしば生じる．そんな時に，人生のさまざまな断片についての想いが記録されていると，遺された人が故人を偲ぶ大きな絆とな

り得る。

5. 遺される人々の心理

　死にゆく過程というのはけっしてその本人だけのものではない。それまでに強い絆のあった人にとってもさまざまな影響を及ぼす。たとえば，家族の誰かが亡くなった時の自分の周囲の人々の反応を思い出してみてほしい。それこそ十人十色の反応であったはずだ。遺体にすがって泣き叫ぶ人もいるだろう。あるいは，きわめて冷静に葬儀の準備などをこなしている人もいるだろう。別の病院でほかの治療を受けさせれば，今も元気に生活していたのではないかと，自分たちの判断を後悔する人もいるだろう。故人とのつらい過去を思い出し，これで闘いは終ったのだと，安堵感を覚えている人もいるかもしれない。

　永遠の別れを前にして，現実の死が起きる前からすっかり絶望感に圧倒される人もいるだろう。愛する人の死を経験して，うつ病と同様の症状を呈する人もいる。いっそのこと亡き人の後を追いたいとまで思いつめる人もいるかもしれない。しばらくすると持ち上がるであろう遺産相続の件をどのように片づけるかといった現実的な問題に囚われきっている人もいるかもしれない。また，死にゆく人との間にあまりにもつらい過去があったことを思うと，死がむしろ平穏をもたらしてくれると感じる人もいるだろう。

　また，死にゆく人を看病する過程は，つらい経験であるばかりでなく，その人とのこれまでの思い出を見つめる機会も与えてくれることもあるだろう。死にゆく過程が，ともするとそれぞれの生活に精一杯でばらばらになっていた家族を再び結びつけるといったこともしばしば起こり得る。末期状態にある絆の強かった人を前にして，愛情，悲しみ，両価的な感情，憎悪，安堵，これまでの葛藤，今後の生活の不安といった

さまざまな感情が一挙に押し寄せてくることもあるだろう。それを正面から受け止めて、死にゆく人と自分との関係をもう一度見直す機会を得ることさえ可能かもしれない。

6. まとめ

　死が近い将来確実に迫って来る状況においても、QOLを確保し、その人らしい人生を送ることができるように、総合的なケアを実施しようというのがターミナルケアや緩和ケアの目標である。最後の時が迫って来る前に、そのような状況をどのように送りたいと考えているか、自分なりにある程度の意思表示をしておくことも重要だろう。また、ターミナルケアには、死にゆく本人だけでなく、その人と強いつながりのあった人々に対するケアも含まれていることを忘れてはならない。

学習のヒント

1. 強い絆のある人が重症の病気にかかって、余命6か月と告げられたと想像して、その際に、どのような治療や看護を望むか意見をまとめてみよう。
2. 8歳の子どもが治療法のない末期がんであると診断された。その子どもに病名や予後の告知を行うべきか否か意見をまとめてみよう。
3. 自分自身が高齢になり、予後不良の病気と診断された場合に、どのように残りの日々を迎えたいと思うか、意見をまとめてみよう。

参考文献

柏木哲夫『いのちに寄り添う。ホスピス・緩和ケアの実際』（ベストセラーズ　2008）

小池真貴子「ターミナルケア」國分康孝・編『カウンセリング心理学事典』pp.428-429（誠信書房　2008）

Bonanno, G. A.: The Other Side of Sadness: What the New Science of Bereavement Tells Us About Life After Loss. New York: Basic Books, 2009（高橋祥友監訳『リジリエンス：悲嘆についての新たな視点』金剛出版　2013）

Kübler-Ross, E.: On death and dying. New York: Macmillan, 1969.（川口正吉訳『死ぬ瞬間：死にゆく人々との対話』読売新聞社　1971）

Shneidman, E.S.: A Commonsense Book of Death: Reflections at Ninety of a Lifelong Thanatologist. New York: Bowman & Littlefield, 2008（高橋祥友・監訳『生と死のコモンセンスブック：シュナイドマン90歳の回想』金剛出版　2009）

13 | 自殺予防

高橋祥友

≪目標&ポイント≫ わが国では1998年以来，年間自殺者数約3万人という緊急事態が続いている。このような現状を直視して，2006年には自殺対策基本法が成立し，自殺予防は社会全体で取り組むべき課題であると宣言された。本章では自殺予防のために，その現状，予防の基本概念，対応の原則について解説する。早期の段階で問題に気づき，適切な対応をとることで，自殺予防の余地は十分に残されている。

≪キーワード≫ 自殺，自殺未遂，危険因子，事故傾性，自殺対策基本法

1. はじめに

わが国では1998年以来，年間自殺者数が約3万人という緊急事態が続き，深刻な社会問題として捉えられてきた。本章では，自殺の危険をどのように発見して，適切な手を打ち，予防につなげることができるのかについて考えていくことにする。

2. 自殺の現状

(1) 統計から見たわが国の自殺

図13-1は警察庁が発表した自殺に関する統計である。わが国の年間自殺者数は1998年に32,863人となり，それ以来，約3万人という事態が続いている。本論執筆時の最新の統計は2012年のものであるが，この年

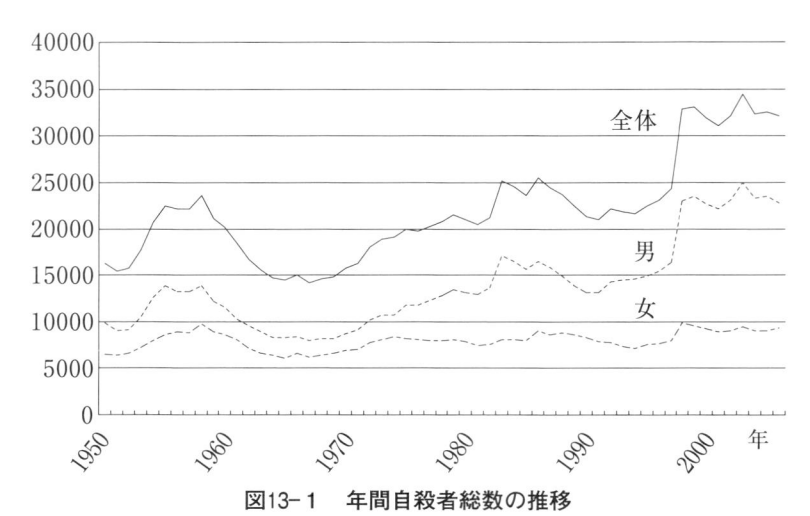

図13-1　年間自殺者総数の推移
〔出典：警察庁生活安全局地域課：平成23年中における自殺の概要資料（警察庁）2012〕

の年間自殺者数は27,858人であり，10数年ぶりに3万人を割ったものの，交通事故死者数（4,411人）の6.3倍であった。そして，自殺未遂者数は少なく見積もっても既遂者数の10倍にのぼると推計されている（40倍という推計すらある）。さらに，強い絆のあった人の自殺未遂や既遂によって深刻な影響を受ける人は，1件当たり最低5人は存在するとの推定がある。このように，自殺は単に3万人の自殺者だけの問題にとどまらずに，広く社会を巻き込む深刻な問題になっている。

（2）自殺予防の基本概念
　自殺予防を理解するためにいくつかの基本概念を解説しよう。

①事前予防，危機対応，事後対応

自殺予防は，事前予防（prevention），危機対応（intervention），事後対応（postvention）に大別される。

・**事前予防**：現時点でただちに危険が迫っているわけではないが，その原因等を事前に取り除いて，自殺が起きるのを予防することである。自殺予防教育なども広い意味での事前予防に含まれる。
・**危機対応**：今まさに起こりつつある危機的状況に働きかけて，自殺を防ぐ。ある人が薬を多量に服用して自殺を図ったとする。胃洗浄をして，救命し，自殺が起きるのを防ぐといった処置もこれにあたる。
・**事後対応**：どれほど努力しても，現実に自殺が起きてしまうことがある。そこで，不幸にして自殺が生じてしまった場合に，遺された人々に及ぼす影響を可能な限り少なくするためのケアを指す。

②医学モデルと地域モデル

自殺予防では，医学モデル（medical model）と地域モデル（community model）が互いに緊密な関連を保ちながら，長期的な視野に立って実施しなければならない。

・**医学モデル**：自殺の背景にしばしば存在している精神疾患に気づかず，適切な治療を受けることなく，自ら命を絶っている人が圧倒的に多い。そこで，自殺に直結しかねない精神疾患を早期の段階で発見し，適切な治療に導入し，自殺を予防する。ハイリスク戦略（high risk strategy）などとも呼ばれる。
・**地域モデル**：21世紀の今でもこころの病いに対する偏見は強く，何らかの問題を抱えても，他者に助けを求めようとする行動にはなかなか出られない。そこで，今ただちに精神的な問題を抱えているわけでは

ない，健康な人を対象に問題解決能力を高めるような教育を実施していく。ポピュレーション・アプローチ（population approach）とも呼ばれる。具体的には次のような点を強調する。

- ✓ 早期に問題に気づくように働きかける。
- ✓ 困った時には助けを求めるべきだという点を強調する。助けを求めるのはむしろ適応力の高い対処法であることを教育する。
- ✓ 具体的にどこで援助が求められるかという情報を提供する。
- ✓ 同時に精神疾患に対する正しい知識を普及させて，偏見を減らす。

国の対策として，自殺予防に成功した例としてフィンランドが広く知られているが，図13-2に示すように，1990年にはフィンランドの自殺率は人口10万人あたり約30であり，最近のわが国の自殺率（約24）よりもはるかに高かった。自殺の実態調査をしたうえで，医学モデルと地域モデルの間で緊密な連携をとって，対策を進め，自殺率を約30％低下させることに成功した。フィンランドの関係者が強調するのは，自殺予防

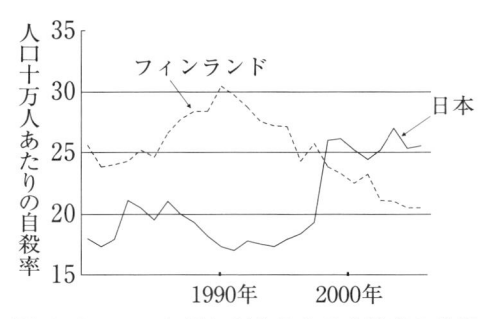

図13-2 フィンランドと日本の自殺率の比較
〔フィンランド厚生省の資料を基に高橋が作成〕

は短期間で効果の現れるものではなく，適切な方針で長期的な取り組みが不可欠であるという点である。

③ライフサイクルと自殺
　一口に自殺といっても，子ども，若年成人，壮年期の人，高齢者では抱える問題にはそれぞれ特有のものがある。そのようなライフサイクルに特有な問題について自殺との関連を検討していくことは自殺予防には欠かせない視点である。

　自殺予防対策を考えるうえで，以上の①～③が基本概念となる。これらの基本概念から成り立っていることを承知しておくと，自殺対策基本法や自殺総合対策大綱を理解するのが容易になるだろう。

(3)　自殺対策基本法
　2006年6月に自殺対策基本法（以下，基本法と略）が成立した。自殺というと，一般には自由意思に基づいて選択された死であるという捉え方が強いが，これは広く信じられた誤解である。実際には，自殺は精神障害や経済的な問題をはじめとするさまざまな問題を抱えた末の「強制された死」と捉えるほうが適切である。そこで，自殺を社会全体の問題として捉えて，幅広い取り組みが必要であることをこの法律は宣言している（表13-1）。翌2007年には自殺総合対策大綱（以下，大綱と略）が発表され，具体的な方針が明らかにされた。大綱は5年ごとに見直されることになっていて，2012年に第1回の改訂が発表された。基本法も大綱も「(2)自殺予防の基本概念」を枠組みとしてまとめられている。

表13-1　自殺対策基本法案の概要

本法の目的
　自殺対策を総合的に推進して，自殺の防止を図り，あわせて自殺者の親族等に対する支援の充実を図り，もって国民が健康で生きがいを持って暮らすことのできる社会の実現に寄与すること

内容の概要
1　**自殺対策の基本理念**
　①自殺が個人的な問題としてのみとらえられるべきものではなく，その背景に様々な社会的な要因があることを踏まえ，社会的な取組として実施されなければならないこと。
　②自殺が多様かつ複合的な原因及び背景を有するものであることを踏まえ，単に精神保健的観点からのみならず，自殺の実態に即して実施されるようにしなければならないこと。
　③自殺の事前予防，自殺発生の危機への対応及び自殺が発生した後又は自殺が未遂に終わった後の事後対応の各段階に応じた効果的な施策として実施されなければならないこと。
　④国，地方公共団体，医療機関，事業主，学校，自殺の防止等に関する活動を行う民間の団体その他の関係する者の相互の密接な連携の下に実施されなければならないこと。
2　**国，地方公共団体，事業主，国民のそれぞれの責務**
3　**政府による自殺対策大綱の策定と，国会への年次報告**
4　**国・地方公共団体の基本的施策**
　①自殺の防止等に関する調査研究の推進並びに情報の収集，整理，分析及び提供の実施並びにそれらに必要な体制の整備
　②教育活動，広報活動等を通じた自殺の防止等に関する国民の理解の増進
　③自殺の防止等に関する人材の確保，養成及び資質の向上
　④職域，学校，地域等における国民の心の健康の保持に係る体制の整備
　⑤自殺の防止に関する医療提供体制の整備

⑥自殺する危険性が高い者を早期に発見し，自殺の発生を回避するための体制の整備
　　⑦自殺未遂者に対する支援
　　⑧自殺者の親族等に対する支援
　　⑨民間団体が行う自殺の防止等に関する活動に対する支援
　5　内閣府に，関係閣僚をメンバーとする自殺総合対策会議を設置

3. どのような人に自殺の危険が迫るのか

(1) 自殺を理解するためのキーワード

　自殺を理解するための重要なキーワードは「孤立」である。助けの手を差し伸べてくれる人が現実にまったくいないといった悲惨な状況に置かれている人もいる。また，最近になってうつ病などの精神疾患にかかった影響で，実際には周囲の多くの人々が助けてくれようとしているにもかかわらず，「私は助けてもらう価値がない」「私などいないほうが皆は幸せだ」と主観的に孤立感を強めている人もいる。現実的にしても，主観的にしても，自殺が起きる危険をはらんだ状況ではかならず絶望的なまでの孤立感が存在している。そこで，自殺を予防するには，死の淵にまで追いやられている人が発している救いを求める叫びを的確に捉えて，周囲の人々との絆を回復することが重要である。

　また，自殺はさまざまな原因からなる複雑な現象であることも理解しておかなければならない。最近では，子どもの自殺が起きるといじめが，大人の自殺が起きると職場の問題が，といった具合に，単一の原因を捜し求める傾向が強いが，自殺はたったひとつの原因だけで説明できるほど単純な現象ではない。図13-3に示すように，単にストレスばかりでなく，精神疾患，衝動性のコントロールの障害，身近な人の死，問

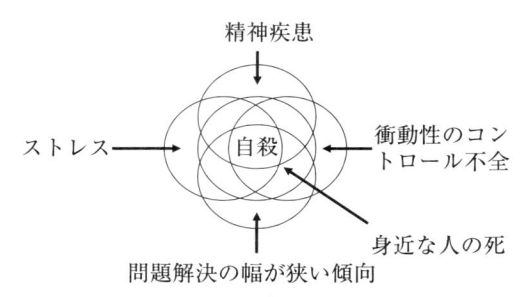

図13-3　自殺の原因
〔出典：高橋祥友『改訂新版　自殺の危険：臨床的評価と危機介入』（金剛出版　2006）〕

題解決の幅が狭いといった性格傾向などが，複雑に絡み合って，自殺を引き起こす下地がしばしば長年かかって出来上がっていることのほうが一般的である。

（2）　自殺の危険因子

表13-2に挙げたような危険因子を数多く満たす症例は自殺が生じる可能性が潜在的に高いと捉える必要がある。

①自殺未遂歴

これまでに自殺未遂に及んだことのある人は，その後，適切なケアを受けられないと，将来も同様の行為を繰り返して，結局，死亡する率が，そのような行為を認めない人に比べるとはるかに高い。高所から飛び降りたり，電車に飛びこんだものの，奇跡的に救命された人が真剣に自殺を考えていたことは誰も疑ったりはしないだろう。しかし，手首を切る，薬を余分に服用するといった，ただちに死に至らないような方法で自傷行為に及んだ人の場合，「狂言自殺だ」「周囲を脅かそうとしただ

表13-2　自殺の危険因子

①自殺未遂歴	自殺未遂はもっとも重要な危険因子 自殺企図の状況，方法，意図，周囲からの反応などを検討
②精神疾患	気分障害（主にうつ病），薬物乱用（主にアルコール依存症），統合失調症，パーソナリティ障害
③サポートの不足	未婚，離婚，配偶者との死別，職場での孤立
④性別	自殺既遂者：男＞女　　自殺未遂者：女＞男
⑤年齢	中高年（とくに男性）でピーク
⑥喪失体験	経済的損失，地位の失墜，病気や怪我，業績不振，予想外の失敗
⑦他者の死の影響	精神的に重要なつながりのあった人が突然不幸な形で死亡
⑧事故傾性	事故を防ぐのに必要な措置を不注意にも取らない。慢性疾患への予防や医学的な助言を無視

〔出典：高橋祥友『改訂新版　自殺の危険：臨床的評価と危機介入』（金剛出版 2006）〕

けだ」といった捉えられ方をされてしまいかねないので，注意を払う必要がある。そのような自傷行為に及んだ人であっても，その後，適切なケアを受けられないままだと，将来，自殺に及ぶ確率は一般人口よりもはるかに高い。

②**精神疾患**

　精神疾患についてここで詳しく取り上げる紙幅の余裕がないので，この点については他の成書を参照してほしい。ここでは要点を簡潔に取り上げる。自殺者の大多数は最後の行動に及ぶ前に，気分障害（主にうつ病），薬物乱用（主にアルコール依存症），統合失調症，パーソナリティ

障害といった，何らかの精神疾患に罹患していたことを多くの調査が明らかにしている。

　図13-4は，世界保健機関（World Health Organization：WHO）が実施した，自殺者に関する調査結果である。これによると，自殺前に精神疾患の診断に該当していたと考えられる人は96％であり，「診断なし」はわずかに4％に過ぎなかった。このように大多数の自殺者が生前に何らかの精神疾患に罹患していたと推定されるのだが，適切な治療を受けていた人となると1〜2割程度であった。そこで，うつ病，アルコール依存症，統合失調症に対しては今では効果的な治療法があるので，早期に診断し，適切に治療することによって，自殺率を低下させる余地は十分にあると，WHOは強調している。

　なお，自殺行動を起こす際に酩酊状態にある人が多いという点についても注意を喚起しておきたい。飲酒をすると，一時的に気分が晴れるこ

診断なし　4.0％
その他の診断　22.3％
気分障害（主にうつ病）　30.5％
パーソナリティ障害　12.3％
統合失調症　13.8％
薬物乱用（主にアルコール依存症）　17.1％

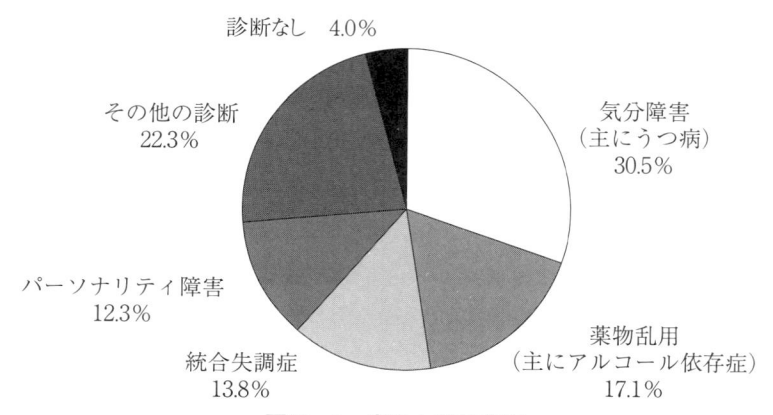

図13-4　自殺と精神疾患

〔出典：World Health Organization : Suicide Rates（per 100,000），by country, year, and gender. http://www.who.int/mental_health/prevention/suicide/suiciderates/en/, 2004〕

とを経験しているために，気分が落ちこんだり，不眠がちだったりすると，酒量が増えたり，飲酒によって熟睡感を得ようとする人はめずらしくない。しかし，アルコールは中枢神経系の活動を抑制する作用があり，長期的にはうつ病の症状をかえって悪化させてしまう。また，酩酊状態で自己の行動をコントロールする力を失い，自殺行動に及ぶ人も多い。そこで筆者は治療中のうつ病患者にはアルコールを控えるように助言している。

③**サポートの不足**

未婚の人，離婚した人，何らかの理由で配偶者と離別している人，近親者の死亡を最近経験した人の自殺率は，結婚し家族のいる人の自殺率よりも約3倍の高さを示す。また，家族が全員揃っていて，表面的にはとくに問題がないように見えることがある。しかし，詳しく検討すると，その中でもある特定の人が疎外されていて，自殺の危険が高まっている状況が明らかになってくる場合も少なくない（高橋祥友『自殺の危険』金剛出版，2006）。

④**性別**

自殺者の男女比はごく一部の例外を除いて，ほとんどの国で男性のほうが高い。最近のわが国の既遂自殺者の男女比は約2.5対1である。対照的に自殺未遂者は女性が多い（高橋祥友『自殺の危険』金剛出版，2006）。

⑤**年齢**

第二次世界大戦直後は，わが国の自殺率は若年成人期と老年期に二つのピークを描いていた。しかし，近年では，わが国の若年層の自殺率は欧米に比較して際立って高いわけではない。とくに男性でその傾向が強いが，40〜50歳代に最初のピークがあり，高齢者層に第二のピークを認める。

⑥**喪失体験**

各種の喪失体験として，経済的損失，地位の失墜，失職，病気や怪我，近親者の死亡，訴訟を起こされることなどが挙げられる。これらの喪失体験が，すべての人にとってまったく同じ意味をもつわけではない。自殺を図ろうとする人にとって，このような体験がどのような意味をもつかを十分に理解する必要がある。

⑦他者の死の影響
　同一家系に自殺が多発することがしばしば報告されており，遺伝が自殺に果たす役割さえ指摘されている。ただし，この点については異論も多く，近親者の自殺を経験することが一種の学習となって，自殺の危険を高めていると主張する研究者もいる。現段階では，遺伝か学習かそのどちらかが妥当な解釈であるかという結論は出ていない。
　なお，他者の自殺が複数の自殺を誘発する群発自殺という現象が知られている。家族以外にも親しい人の自殺，事故死，不審死を最近経験したことはないか，また，著名人についてのセンセーショナルな自殺報道に接して影響を受けていないかといった点にも注意する。

⑧事故傾性
　一般に自殺はある日突然何の前触れもなく起きると考えられているが，実際には自殺に先行して自己の安全や健康を守れなくなることがしばしば認められる。自殺に先行するこのような現象は事故傾性（accident proneness）と呼ばれている。これまでにも多くの事故を認める，事故を防ぐのに必要な処置を不注意にもとらない，慢性の病気に対して当然の予防あるいは医学的な助言を無視するといった人については，自己破壊傾向の観点から検討する必要がある。
　たとえば，医療の現場では次のような例がある。糖尿病の管理がこれまでは十分にできていた人が，突然，食事療法も，薬物療法も，運動療法も突然やめてしまったりする。あるいは，逆にインスリンという糖尿

病の治療薬を多量に注射するといったこともある。また，腎不全の患者が人工透析を突然受けなくなったりするといったことで，事故傾性に気づかれた例もある。これ自体が生命の危険をもたらしかねない行動である。

あるいは，一般の職場の例としては，これまで真面目(まじめ)な仕事ぶりだった会社員が多額の借金をするようになる，何の連絡もなく失踪(しっそう)する，繰り返し交通事故を起こす，性的な問題行動を認める，酩酊状態で喧嘩(けんか)に巻き込まれる，全財産を賭(か)けるような株式投資に打って出るといった行動の変化を，自殺の前に認めることはめずらしくない。抑うつ的であった人が失踪に及んだ場合には，自殺の代理行為として真剣に捉える必要があり，本人の安全の確保を最優先したうえで，専門の精神科医の診察を受けるようにしなければならない。

以上，自殺の危険因子について解説してきた。自殺予防の第一歩は，自殺の危険を適切に評価することから始まる。生活史上に認められた自己破壊傾向を評価しながら，危険因子を総合的に検討すれば，得られた情報は，自殺予防のためにさらに有用なものとなる。

（３） 自殺の危険の高い人の心理

自殺の危険の高い人は，「死んでしまいたい。今すぐに楽になりたい」という気持ちと，「助けてほしい。生きていたい」という気持ちの間を，最後まで激しく揺れ動いている。そして，次に挙げるような共通の心理が認められる。

①極度の孤立感：この孤立感は，最近発病した精神疾患の影響で生じている場合もあるのだが，幼い頃から長年にわたって抱き続けてきた感情

であることも少なくない。実際には家族もいるし，友人や知人も大勢いる。しかし，その中で絶望感を伴う深い孤立感を常に抱き続けてきた。あるいは，現実には周りから多くの救いの手を差し伸べられていても，精神疾患の影響で自尊感情が極端に低くなってしまい，この世の中で自分はひとりきりであり，誰も助けてくれるはずはないという，深い孤立感を抱き，それにいよいよ耐えられなくなっている。

②**無価値感**：「私は生きるに値しない」「生きていても仕方がない」「私などいないほうが皆は幸せだ」といった感情である。これは，うつ病をはじめとする精神疾患のために，最近になって生じた場合もあれば，幼少期から強い絆のある人からのメッセージとして長年にわたって抱き続けている場合がある。もっとも不幸な例は幼少期に心理的・身体的・性的虐待を経験してきたような人であり，「生きていることさえ許されない」「生きる意味をまったく失った」という絶望感に圧倒されてしまっている。

③**強度の怒り**：自殺の危険の高い人は，絶望感とともに強烈な怒りを覚えている。これは社会や強い絆のある人に向けられている場合もあれば，また，他者に対してそのような怒りを感じている自分を意識することで，かえって自分自身を責める結果になっている場合もある。

④**窮状が永遠に続くという確信**：今，自分が置かれている絶望的な状況に対して何の解決策もないし，どんなに努力をしたところで，それは報われず，この窮状が永遠に続いていくという妄想に近いほどの強固な確信を抱いている。

⑤**心理的視野狭窄**：自殺の危険が迫っている人の思考法をトンネルの中にいる状態にたとえた心理療法家がいる。トンネルの中にいて周囲は真っ暗である。遠くから一条の光が差しこんでいて，それがこの闇から出る唯一の方法である。そしてそれが自殺であって，ほかには解決策は

まったく見当たらないという独特の心理的視野狭窄の状態に陥っている。

⑥諦め（あきら）め：自殺の危険の高い人は，同時にさまざまな感情に圧倒されているのだが，次第に，ありとあらゆる必死の闘いを試みた後に独特の諦めが生じてくる。これは穏やかな諦めというよりは，「嵐の前の静けさ」「台風の目」といった不気味な感じを伴う諦めである。「疲れ果てた」「もうどうでもよい」「何が起きてもかまわない」といった感覚を伴う。この段階に至ると，怒りも，抑うつや不安も，孤立感さえも薄れていく。このような諦めに圧倒されてしまうと，周囲からはこれまでの不安焦燥感が薄れて，かえって穏やかになったと捉えられてしまいかねない。

⑦全能の幻想：どんなに環境や能力に恵まれた人であっても，自分の抱えた問題を解決するには，多くの時間も努力も必要であり，他者からの助けも要る。しかし，自殺の危険の高い人というのは，ある時点を超えると，唯一，今ここで，自分の力だけでもただちに変えられることがあると思い始める。そして，「自殺は自分が今できる唯一残された行為だ」といった全能の幻想を抱くようになる。この段階にまで至ると，自殺の危険はもはや直前にまで迫っているので，ただちに本人を保護するために必要な対策をとらなければならない。

　自殺の危機が直前にまで迫った人はこのような複雑な感情に圧倒されている。たとえば，中年男性が自ら命を絶ったような場合，周囲の人々は「幼い子どもを遺（のこ）してどうして自殺してしまったのだろうか？」との疑問をしばしば抱くのだが，むしろ，自殺の危険の高い人にとっては，「ともかくただちにこのつらい状況から抜け出したい。楽になりたい」という思いに圧倒されていて，遺される家族のことまで考える余裕さえ失っていたというのが現実であるのだ。

4. 自殺の危険の高い人への対応

（1） TALK の原則

　自殺を真剣に考えるほどの絶望的な気持ちは，これまでの関係から，この人ならば真剣に聞いてくれるはずだという人を選んで，打ち明けている。カナダで自殺予防活動を実施しているグループが，自殺の危険の高い人への対応を次のように TALK の原則としてまとめている。TALK とは「Tell, Ask, Listen, Keep safe」の頭文字をとったものである。

- T：相手のことをとても心配しているとはっきりと言葉に出して伝える。
- A：自殺の危険を感じているならば，その点について質問する。真剣に対応するのであれば，自殺を話題にしても危険ではない。むしろそれは自殺の危険を検討して，自殺予防への第一歩になる。
- L：傾聴である。話をそらそう，励まそう，助言しよう，叱ろうなどと考えたりするかもしれない。自殺にまで追いつめられている人は，自分の抱えた問題に対する解決策は自殺しかないと固く信じている。そこで，まずしなければならないのは徹底的に聴き役に徹することである。
- K：危険だと思ったら，その人をひとりにしてはならない。一緒にいてあげて安全を確保したうえで，周りの人々からの協力も得て，必要な対処をする。はっきりと自殺を口にしたり，自分の身体を傷つけたりする行為に及んだ人については，確実に精神科受診につなげる。

（2） 治療の原則

問題を抱えたときに自殺を図ろうとするパターンは繰り返される傾向が高いので，治療は長期にわたることを念頭に置いて計画する。最終的には，問題が生じた状況でも，自殺以外のより適応度の高い方法を用いて，本人が自分の力でその問題に対処できるような能力を身につけ，自立を援助することが治療の目標となる。自殺の危険の高い人に対しては，次の3つの柱を中心に働きかけていく。

①**心理療法**：症状の緩和だけでは自殺予防には不十分である。問題を抱えた時に，自殺以外のより適応力の高いほかの選択肢を試みるように働きかけたり，次の危機にどのように備えるかといった点についても取り上げていく必要がある。
②**薬物療法**：背景に精神疾患が存在する場合には適切な薬物療法を実施する。
③**周囲の人々との絆の回復**：自殺の危険の高い人が自ら断ち切ってしまった周囲の人々との絆を回復するように援助する。

これらを3本の柱にすえて，長期的・総合的に自殺の危険が高い人に対する治療を計画していく。自殺の危険は一度だけで終わることはむしろ稀で，問題が生じた状況でしばしば繰り返される傾向がある点に留意して，長期的な治療計画を立てる必要がある。

5. まとめ

わが国では毎年約3万人の人々が自ら命を絶っている。自殺はけっして自由意思で選択された死などではなく，さまざまな問題を抱えた末の

強制された死であり，自殺の背後にはかならず「孤立」が存在している。したがって，自殺にまで追いつめられた人の発している救いを求める叫びに敏感に気づいて，周囲の人々との絆を回復することが自殺予防につながる。自殺予防に全力を尽くすべきことは当然であるが，どれほど努力しても不幸にして自殺が生じてしまうこともあり，そのような時には遺された人へのケアが欠かせない。

学習のヒント
1. 自分の知っている人で自ら命を絶った人がいたら，その人の心理について考えてみよう（そのような人を知らない場合には，文学作品や映画の中に描写された自殺者の心理について考えてみよう）。
2. 自殺の危険の高い人を目の前にしたときに，どのような対応ができるか考えてみよう。
3. 自殺に関してさまざまな偏見があるが，どのようなものがあるか考えてみよう。

参考文献

高橋祥友『自殺の心理学』（講談社現代新書 1997）
高橋祥友『群発自殺』（中公新書 1998）
高橋祥友『自殺予防』（岩波新書 2006）
Shneidman, E.S.（高橋祥友 訳『アーサーはなぜ自殺したのか』誠信書房 2005）
Smolin, A. and Guinan, J.（柳沢圭子 訳『自殺で遺された人たちのサポートガイド：苦しみを分かち合う癒やしの方法』明石書店 2007）

14 | 尊厳死

高橋祥友

≪目標&ポイント≫　現代社会においては，自己にかかわる決定をする主体はあくまでも個人に属するという主張が強く叫ばれている。実際に，社会の広い領域で個人の自由意思に基づく決定権が認められている。本章では死を目前にした状況における自己決定権がどこまで許容されるべきなのかについて議論する。人為的に生命を止める尊厳死とはいかなるものなのか，死とははたして，その個人本人だけに属するものなのだろうか。

≪キーワード≫　リビング・ウィル，自己決定権，安楽死，尊厳死，医師による自殺幇助

1. はじめに

　医療技術が画期的に進歩し，以前ならば治癒を望むことができなかった病気さえ治すことが可能になってきた。しかし，それと同時に，苦痛を伴う不必要な延命に対する人々の不安や抵抗も強くなってきている。単なる延命だけが目的となった医療を拒否しようとする意見も根強く，自己の意識が清明で，適切な判断を下すことができるうちに，末期状態における医療について自分自身の決定を伝えておくリビング・ウィル（living will）も実施されるようになってきた。

　このような動きについてある程度理解できるものの，「死ぬ権利」を安易に主張する最近の風潮に筆者は強い違和感を覚えている。筆者が精神科医として診療に携わっていると，自殺の危険の高い患者に出会うこ

とも少なくない。しかし、「死にたい」「自殺したい」という訴えが100％揺るぎないものであるかというと、かならずしもそうではない。彼らは絶望感に圧倒されて「死にたい」と追いつめられているのと同時に、何とか苦しみを止めて「助けてほしい」「生きていたい」という気持ちの間で激しく揺れ動いている。「死にたい」という気持ちが揺るぎないものであって、本人の自由な意思を反映していると判断するのはきわめて難しい。

2. 安楽死に関するさまざまな用語

　安楽死（euthanasia）とは、回復が望めない患者の苦痛を取り除く目的で、第三者の手によって時期尚早の死をもたらすことを指している。ギリシア語では、eu（よき）、thanatos（死）であり、原義は「よき死」「幸福な死」というものである。もちろん、それが患者自身の意思に基づいていなければ、単なる殺人になってしまう。

　安楽死には、消極的安楽死（passive euthanasia）と積極的安楽死（active euthanasia）がある。消極的安楽死とは、たとえば、人工呼吸装置や点滴を外すことによって、結果的に、自然死を早める措置をとることである。いっぽう、積極的安楽死とは、たとえば、致死量の薬物を患者に注射することによって、意図的に死をもたらすことを指している。

　また、実際には安楽死そのものであるのに、さまざまな婉曲表現が用いられている。たとえば、最後の時まで人間としての尊厳を保ちながら死を迎えるという意味で尊厳死（dignified death）という言葉が最近ではよく用いられるが、それが安楽死とほぼ同義に使われている。

　なお、安楽死はあくまでも本人がそれを望むという、意思の存在が前提である。しかし、わが国ではしばしばその意思を確認できないような

患者に対して死をもたらす行為も安楽死と称されることがある。このような例では，慈悲殺（mercy killing）という言葉を用いて，真の安楽死とは区別することもある。

さらに，最近，英語圏の国々では，医師による自殺幇助（physician-assisted suicide），そして，その中でも患者の置かれた状況が死のほかに解決策がないという意味で「理性的」な死であることを強調するために，医師によってもたらされた死（physician-assisted death）といった語も，安楽死の婉曲表現として使われるようになってきた。どのような言葉が用いられたとしても，本人の意思に基づいて，他者によって人為的にもたらされた時期尚早の死という事実自体が大きく変化するわけではない。

3．オランダの安楽死

現在ではいくつかの国々で安楽死が合法化されている。そこで，歴史的にもっとも早い段階で安楽死を合法化したオランダの例を見ていこう（ルネ・ディークストラ「尊厳ある死」高橋祥友編『精神医学から考える生と死』金剛出版 1997年）。

かつてオランダでは（現代のわが国のように）ひそかに安楽死が行なわれていることが周知の事実であった。この現実を直視し，1990年に実態調査が実施された。その結果，全死亡の1.8％が安楽死によるものであることが明らかになった。さらに，世論調査を実施したところ，ある種の条件下では安楽死が認められるべきであるという国民の意見も明らかにされた。

このような状況を背景として，安楽死を一概に非合法としておくのではなくて，むしろ，厳密な条件を設定したうえで認めようという動きが

出てきた。これはいかにも現状を直視するオランダならではのことであった。要するに，安楽死が闇の中で実施されるよりは，厳しい監視のもとに置いて，それ以外の選択肢がない場合には安楽死を認めるべきだという動きが出てきた。そして，2001年には安楽死がオランダでは合法化されるに至った。

表14-1には，オランダの安楽死のガイドラインを示した。安楽死が実施されるためには，表14-1に挙げた項目について慎重に検討され，記録が残されていない場合には，刑事訴追の対象となり得る。その要点は以下のようなものである。

表14-1　オランダにおける安楽死の基準

①患者が自殺幇助を自発的・直接的に依頼している。
②依頼の時点で，患者の精神状態に問題がない。
③自らの生命を絶ちたいという願望が長期間持続している。
④（主観的に）耐え難い苦悩が存在する。
⑤（客観的に）改善するという妥当な見込みがない。
⑥残された治療手段が不確実であるか，単に緩和が目的である。（患者にこの治療を提案したが，患者がそれを拒否した。）
⑦自殺を幇助するものは有資格の専門家である。
⑧項目①～⑥に関して，幇助者は第三者のコンサルテーションを依頼した。（あるいは，単にコンサルテーションだけではなく，第三者が患者を診察した。）
⑨他者に生ずる可能性のある予防可能な悪影響を避ける。
⑩専門家や司法による評価のために，意思決定過程について記録を残しておく。

〔出典：Diekstra, R.『尊厳ある死』高橋祥友編『精神医学から考える生と死』pp. 185-210　金剛出版　1997〕

①安楽死に対して本人から自発的で直接的な依頼がある。安楽死は強制されたものであってはならず，ある個人から自発的かつ明白な形で依頼されなければならない。本人の依頼がないものは安楽死とは認められず，依頼は本人から直接，医師に伝えられなければならない。
②依頼の時点で，精神状態に問題を認めない。安楽死の求めがあった時点における依頼者の判断能力が精神疾患の影響で障害されていないことを，信頼度の高い方法を用いて確認しなければならない。
③安楽死の願望が長期間持続している。ある人物が一時的に死にたいと述べただけでは安楽死を正当化できない。自殺願望は一時的なものであることも多い。したがって，依頼者が安楽死を望む傾向が6か月以上連続していなければならない。
④依頼者の苦痛が耐えがたいものである。
⑤改善の見込みがないことを確認する。すなわち，ⅰ）依頼者が耐えがたい苦痛を繰り返し表明し，その苦痛の存在が確認されている。そして，ⅱ）自殺予防の専門家が，依頼者の苦悩が現在入手可能な方法では十分に緩和されないことを確認しなければならない。当然，安楽死以外の選択肢についても指摘すべきであり，これらのほかの選択肢が実施可能なものであるならば，適切に試みた後でなければ安楽死は実施できないと依頼者にはっきりと伝える。
⑥可能な治療法をすべて実施しているが，その効果が現われなかった。そして，残された治療法の効果が確実なものではなく，その治療法を実施しても単に疼痛の緩和が目的であって，生活の質（quality of life：QOL）が極端に低下すると予測される。
⑦安楽死を実施する者は，医師でなければならない。
⑧①から⑥の項目に関して，治療にあたっていた者や安楽死を実施する者だけではなく，第三者に患者の診察を依頼して，意見を求めなけれ

ばならない。
⑨安楽死を実施する者は，安楽死の結果としてほかの人々に及ぶ悪影響を可能な限り予防する義務がある。安楽死を依頼してくる人の知人や家族に対して，十分に情報を与え，遺族に生ずる可能性のあるさまざまな問題に対して心の準備をさせる。これらの問題について安楽死を依頼してきた人と遺(のこ)される人々の間の対話を図る。
⑩後に必要になった場合に，医療や法律の専門家が検討できるように，安楽死が決定されて実施されるまでの過程に関してガイドラインに沿った詳細な記録を残しておく。

4. うつ病者を対象としたオランダの安楽死事件

　なお，オランダで実施された安楽死の中で，国内ばかりでなく，海外からも非常に強い関心を集めた事例がある。安楽死を認める前提条件として，精神疾患のために判断能力が障害されていないという項目がある。しかし，この例では，不治の身体疾患ではなく，精神疾患の患者に実施された「安楽死」の例であった。

　1991年9月28日，オランダ北部の小さな町で50歳の女性が服薬自殺した。その薬は数分前に精神科医から手渡されたものであり，医師も患者が薬を用いて自殺することを承知したうえで致死量の薬を渡した。この女性はうつ病であったが，身体的な問題はなかった。5年前に長男が自殺し，そして5か月前には次男をがんで失い，人生に絶望していた。
　この例は司法当局に通報され，担当の精神科医は起訴された。最終的に1994年6月にオランダ最高裁判所で判決が下された。結局，最高裁判所は精神科医を有罪としたものの，実質的な刑罰は下さなかった。たと

え末期状態の身体疾患が認められない場合でも，激しい苦悩を伴う精神疾患の例であれば，安楽死（この例では，より正確には医師による自殺幇助）は正当化できるとした。

　当時はまだ法律の正式な条文のうえでは安楽死は禁止されていたのだが，いくつかの厳格な条件のもとで実施されるならば，安楽死は処罰の対象とはならないと最高裁判所が判断したのである。ここでいう厳格な条件のひとつには，患者が安楽死を望んだ際に，担当医以外の医師あるいは精神科医に診察を依頼し，第三者の意見を求めるという条件がある。この事例では，第三者の意見を求めるという条件が満たされていなかったし，専門家の証言では緊急とみなす状態は存在していなかった。しかし，最高裁判所は「自殺幇助が実施された状況および被告の人格を考慮すると担当医に実刑を下すことはできない」とした。要するに，被告の精神科医がこの患者に対するいくつかの職務上の怠慢は認められるものの，精神科医の行為は善意から発したものであり，刑に服させることは何の利益ももたらさないと判断された。

　この事例に対して，世界中から激しい非難の声が上がった。安楽死や自殺幇助の適応に歯止めがかからなくなる危険を問題視した者もいた。アメリカ人の精神科医ハーバート・ヘンディン（Herbert Hendin）はこの「オランダ式治療法」を次のように激しく非難した。「もしも安楽死の合法化を提唱する声が強くなっていくと，これまでわれわれがうつ病者の介護を改善しようと努力してきたことに対して，社会全体が背を向けることになってしまう。病気や高齢やうつ病といった問題に対して，死こそが唯一望ましい解決法であるとする絶望的な自殺願望に圧倒されてしまった人の意見を受け入れることになってしまうだろう」（Hendin, H. 高橋祥友 訳『アメリカの自殺；予防のための心理社会的アプローチ』明

石書店 2006)。

　精神科医としての豊富な臨床経験に基づいてヘンディンが展開する反安楽死の議論には説得力がある。そのうえ，ヘンディンは実際にオランダに出向き，医師による自殺幇助や安楽死の実態を自ら検証してきたために，さらに説得力を増している。現在オランダでは正確に捉えられただけでも死亡全体の約2パーセントが安楽死によってもたらされているという。報告されていない安楽死や医師による自殺幇助はこの数をさらに上回ると考えられる。また，オランダで安楽死が合法化されて以来，自殺率が明らかに減少し，その傾向は特に高齢者で顕著であったという。

　オランダでは死を望む人に対して十分な治療を試みることなく，安楽死が実施されている状況をヘンディンは憂慮している。末期状態の患者に対して，心理・社会・身体的な苦痛を取り除くための緩和ケアを積極的に行ない，迫り来る死を患者が受容できるように援助するというのが最近の世界の趨勢である。ところが，オランダでは緩和ケアの努力が開始される前に，安楽死が合法化されてしまったために，末期患者に対して安楽死が安易に実施されているとヘンディンは批判する。安楽死が，患者の自発的な意思に基づいて依頼される場合ばかりではなく，医師が患者にほかの選択肢を助言せずに，安楽死をほのめかすことさえ現実に起きているという。さらに，患者からの自発的な依頼がないのに，医師が患者の生命を止めてしまうこと（慈悲殺）さえあるというのだ。

　さて，筆者（高橋）自身，オランダ人の精神科医に会う機会があった時に，ヘンディンの観察について確認してみた。オランダでは「患者から安楽死の依頼がなくても，医師が安楽死を話題にすることはあるのか？」と質問してみた。すると，そのオランダ人の精神科医の答は，「話題にすること自体は何の問題もない，意思決定はあくまでも患者の側にあり，選択肢のひとつを示しただけではないか」というものだった。

5. わが国の安楽死事例：山内事件と名古屋高等裁判所の判決

　わが国でも時々，安楽死が何らかの理由で公になって，世間の強い関心を引くことがある。その代表的な例として，山内事件に関する名古屋高等裁判所の判断を紹介しよう。半世紀前の事例であるが，安楽死が認められる条件に関して踏み込んだ判断をした例として，しばしば引用される（日本尊厳死協会・編『尊厳死』講談社 1990）。

　52歳の父親は脳血管障害のため病床にあり，家族は主治医から残り1週間ほどの命と告げられていた。本人は家族に対してしばしば死を訴えた。被告はその息子（24歳）で，頻繁に起きる呼吸困難の発作を見るにつけて，父親を苦痛から救うために殺害を決意した。1961年8月27日，牛乳に殺虫剤を混ぜておき，事情を知らない母親が被害者にそれを飲ませるように謀った。その結果，父親は死亡した。
　一審では尊属殺人の判決が出たが，被告側は安楽死のため無罪であると主張し，検察側も量刑があまりにも軽すぎると主張し，双方から判決不服の申し立てがなされた。
　その結果，名古屋高裁は1962年12月22日の判決で，次のような厳しい要件が満たされる場合に限って，安楽死が是認されるとの判断を下した。

①病者が現代医学の知識と技術からみて不治の病いに冒され，しかも，その死が目前に迫っている。
②病者の苦痛がはなはだしく，何人も真にこれを見るに忍びない。
③もっぱら，病者の苦痛を緩和する目的で死がもたらされた。
④病者の意識がなお明瞭であって，意思を表明できる場合には，本人の

真摯な嘱託または承諾がある。
⑤医師の手によることを本則とし，これにより得ない場合には，医師により得ないと首肯するに足る特別な事情がある。
⑥その方法が倫理的にも妥当なものとして認容し得る。

　名古屋高裁はこの6条件がすべて満たされる場合に限り安楽死が認容されるとした。このような条件を挙げた後，山内事件の場合，医師の手に委ねられなかった首肯できる特別な事情が認められず，また，牛乳に殺虫剤を混入するといった倫理的に認めがたい方法を用いたことを裁判長は指摘した。要するに，上記の6条件のうち，①から④の条件に当てはまるものの，⑤と⑥の条件に満たないと判断し，安楽死の理論の適用を否定した。その結果，被告は，嘱託殺人により，懲役1年，執行猶予3年の判決が言い渡された。安楽死とは認められなかったものの，殺人罪としてはむしろ軽い量刑であったことが，この裁判の難しさを示している。

6. 筆者が安楽死に反対するいくつかの理由

　安楽死に関して最近さかんに議論されているのだが，精神科医である筆者には，反対の理由がいくつも頭に浮かんでくる。そこで，安楽死に筆者が反対する理由をまとめておく（高橋祥友『老年期うつ病』日本評論社　1998）。

①誤診の可能性はないか
　医学の限界として，常に誤診の可能性が残る。最新の知識に照らしても，良性疾患を悪性と誤診する危険がまったくないとはいえない。ま

た，誤診ではなく，たしかに悪性疾患であったにしても，生命予後が不良であると確実に判定するのが困難な場合もしばしばある。予後とは，過去の症例の検討から引き出された統計的な確率であり，個々の患者にそのまま当てはまるかどうかは定かではない。多数例にとっての一般的な数値が，ある個人にもかならず当てはまるとは限らないのだ。予測以上にはるかに長期間生存する患者がいて，生命力の強さに驚くことは医療現場にいる者ならばしばしば経験する。

②**適応拡大の危険をどう防ぐのか**

　適応が徐々に拡大されていく危険に対して確実な歯止めがない。当初は末期疾患患者の自由意思に基づく安楽死に限定されていたものが，自らの意思を確認しえないような認知症の患者に拡大適応されたり，社会的弱者である精神疾患を抱える人々や先天異常のある子どもにも当てはめられたりする危険がまったくないとはいえない。安楽死の法制化が社会的弱者を排除する手段になりかねないことは，歴史を振り返っても明らかである。ナチスドイツによって7万人もの精神科入院患者が組織的に殺害されたT4計画が，その例としてしばしば挙げられる（小俣和一郎『精神医学とナチズム』講談社現代新書 1997）。

③**意思をどう確認するか**

　患者の「意思」も問題となる。ある時点で患者が死を望んだとしても，いったいいつ，何回，死の願望を確認すれば十分なのだろうか？　何人の専門家がその意思を確認すれば十分なのだろうか？　患者の自由意思で依頼した場合だけに安楽死が実施されるというが，患者は死に対して両価的であるのが一般的である。死の願望は一過性のことも多く，死を望む一方で，痛みを止め生を望んでいる点も忘れてはならない。どの時点で，そしてどの程度の期間，安楽死の願望が持続した場合に，これを自由意思によるものと判断するかは，困難な問題である。むしろ，「死

にたい」という言葉の背後にある患者の「救いを求める叫び」に耳を傾ける必要がある。

④ **背景に存在する精神疾患をどう扱うか**
　がん患者で自殺を望んだ者の大多数がうつ病の診断基準に当てはまったという報告もあるように，背景に存在する精神疾患を治療することによって，本来の死を全うできる場合も多い。身体的・精神的・社会的苦痛に対して，患者がほかの適切な解決手段を知らされていないために安楽死を望むことさえある。がん患者で自殺した者のおよそ9割は生前に何らかの精神症状を呈していたばかりでなく，その多くは適切な治療を受けずに自殺していたとの報告すらある。したがって，安易に死をもたらすのではなく，背後に存在する精神医学的問題を探り，適切な治療によって，患者が自然な形で死を受容できるようにすることこそが医療のあるべき姿ではないだろうか。

⑤ **どこまで治療すべきか**
　前項と関係するが，うつ病などの精神疾患のために死を望んでいる患者がいるとする。その人は数か月間の治療で回復し，立ち直るかもしれないし，また，完全な回復までに数年間かかるかもしれない。さて，そうなると，どの段階ですべての治療手段を尽くしたと判断できるのだろうか。前述したオランダの安楽死の例では，ある女性（母親）が5か月前に2人目の息子をがんで亡くしていた。この母親は急性の死別反応を呈していた可能性が強く疑われる。あまりにも早すぎる段階で治療の努力を怠ってしまい，患者の絶望感に精神科医が屈服して，安楽死を実施したのではないかという疑いが強く残る。

⑥ **本人の意思の確認だけで十分か**
　本人の意思が尊重されるべきではあるが，死とはけっして死を望んでいる個人だけのものではない。ある人物の死がその人自身の死であるば

かりではなく，知人や家族にとっても多くの意味をもつ点を考えると，個人の意思だけで死を決定することには問題が残る。死とは単に死にゆく人だけの問題ではなく，その人にかかわる多くの人に強い影響を及ぼす。家族の一員を自殺によって失った遺族はその後，複雑な死別の過程を経験する。安楽死の決定過程において患者自身の意思だけに委ねられて，最終的な決断が下された後の問題についての議論が無視されている（なお，逆説的ではあるが，安楽死の決定過程に家族が関与するようになれば，それも別種の問題をもたらす可能性がある。人為的にもたらされた死が，その時点では患者の家族にある種の救済をもたらすかもしれないが，自身が安楽死に関与した点に関して，それ以後家族に強い自責感を生ずる可能性もあるだろう）。

⑦経済的な観点からの議論に危険はないか

　安楽死がしばしば経済的な観点から議論される傾向がある。特に米国などでは，長期間の集中的な治療が十分に健康保険でカバーされず，家計を圧迫しかねないという経済的な背景がある。それならば経済的な問題を解決することで，安楽死の議論の多くが解決するという立場の人々もいる。安楽死がもたざる者の最終的な解決策となってはならないのだ。経済効率と安楽死の関係はかならず議論される重要な問題であり，これはわが国にとっても軽視できない問題である。経済効率の議論が強くなると，犠牲になりかねないのは社会的弱者である。

⑧宗教的・倫理的立場からの議論

　筆者には詳しく解説する能力はないが，さまざまな宗教的・倫理的信義から，安楽死に強く反対する立場をとる人もいる。安楽死も自殺幇助も，意図的な殺人であり，慈悲の美名のもとに行なわれる暴力的な行為であって，医学の治療目的を歪曲すると断罪する者も少なくない。

⑨医師の手に最終的な判断が委ねられてよいのか

いかに厳重な条件を設けた法律を整備しても，決定的な判断が医師の手に委ねられていることに問題はないだろうか。決定にはそれに加わる者の人生観や価値観が入り込む余地がある。この種の法律が成立した状況を考えてみよう。どのような医師が自ら進んで安楽死の決定過程に関与するだろうか。一般には多くの医師はこのような役割を避けようとするだろう。となると，この役割を進んで受け入れようとする医師の判断それ自体が最初から偏ったものになる危険がある。

⑩**医師が死の執行者となることに危険はないか**

　万が一，安楽死が社会的に是認されたとしても，死の執行者の役割を医師に求めなくともよいはずである。医師が死を執行する者となれば，医学の尊厳が根底から損なわれる危険がある。治癒（cure）が不可能ならば，介護（care）することこそが医師の責務であり，予後不良の患者に致死量の薬物を与えることが医師の仕事ではない。治療手段がなくなった後にも，病床で生の最後の段階における患者の訴えを理解しようとすることこそ，医師に望まれる役割であるという意見もある。

⑪**医師に十分な時間と技能があるのか**

　これまでの疑問に対してすべての答えが与えられたと仮定してみても，現在の慌ただしい医療現場の中で，実際にどれほどの数の医師が，これらの問題に真剣に取り組むだけの訓練や経験を積み，また，患者の声に耳を傾けるための時間があるだろうか。現実の医療の現場では，この課題に応えるのは非常に難しい。実地の臨床医の中にこれらの判断を下すことができる訓練と能力のある者がどれほどいるかというと，多くの疑問が残る。はたしてどれほどの数の一般医が十分な訓練を受け，患者の心理的問題に対応し，十分な時間を割いて，現実の臨床場面で患者が死について自由に語るような雰囲気を作り，その意味を検討することができるだろうか。

7. まとめ

　医療技術の急速な進歩と並行して，安楽死についての議論もさかんになってきている。筆者の素朴な疑問としては，医学の進歩によって不必要に延命することが問題であるのと同様に，人為的に生命を短縮させる措置をとることも不自然な操作に思われてならない。

　生と死に関する問題が隠されたものとしてではなく，公に議論されることは歓迎すべきである。しかし，昨今の議論を聞いていると，机上の理論を戦わせているように筆者には思われてならない。その多くは，「現在，健康」である人が，自分が遠い「将来，不治の病い」にかかったときに，今と同じような生活ができないくらいならば安楽死を望むといった主張から議論が始まっている。その議論の中では，実際に不治の病にかかっている人々が直面する問題や医学的な事実を十分に考慮していないし，また，安楽死が合法化された場合の社会的な影響などについてもほとんど考慮されていない。ナチスドイツにおけるT4計画が格好の例であるが，安楽死が合法化されると，犠牲になるのは常に社会的な弱者であることを歴史が教えている。

学習のヒント

1. 安楽死（尊厳死）に賛成，あるいは反対する自分の意見をまとめてみよう。
2. 万が一，わが国で安楽死（尊厳死）が法制化された場合に，それが暴走する可能性はないか意見をまとめてみよう。
3. 安楽死（尊厳死）が人道的な手段だと考える場合は，その根拠をまとめてみよう。

参考文献

小俣和一郎『精神医学とナチズム』（講談社現代新書　1997）

日本尊厳死協会・編『尊厳死』（講談社　1990）

高橋祥友『老年期うつ病』（日本評論社　1998）

高橋祥友『生と死の振り子；生命倫理とは何か』（日本評論社　2001）

Diekstra, R.『尊厳ある死』高橋祥友・編『精神医学から考える生と死』pp. 185-210
（金剛出版　1997）

Hendin, H. 高橋祥友　訳『アメリカの自殺；予防のための心理社会的アプローチ』
（明石書店　2006）

15 | 死生学の理論と展望

山崎浩司

≪目標&ポイント≫ 本コースのまとめとして，死生学の基本的な共通言語たるべき理論をいくつか概観しつつ論じる。取り上げるのは，死のタブー化論，公認されない悲嘆論，環状島理論，共感都市理論であり，いずれも死生学原産とはいいがたいが，この学際的な学問の基盤を固め，今後の発展を促すと考えられる理論である。最後に死生学の展望についても若干考察し，核・原子力の問題に取り組んでゆくことが，特に日本の死生学にとってひとつの重要な役割であることを示唆したい。

≪キーワード≫ 死のタブー化，公認されない悲嘆，環状島，共感都市，核・原子力

1．共通言語としての理論

　理論は，学者が自然界における現象を説明するためか，知識人や知識人に憧れる人々が知的欲求を満足させるために使う専門用語であり，私たちの日常生活にはあまり関係がないとの印象があるとすれば，残念なことである。理論とは本来そうしたものではなく，私たちの日常生活と密接に関係し，日々活かす機会があるものである。

　たとえば，英語には"What's your theory?"という日常表現があり，意訳すれば「あなたの考えは？」または「君の仮説は？」となる。日本語では「理論」とふつう訳される"theory"という語が，英語では日常会話で使われていることと，その意味を「考え」や「仮説」という「理

論」よりは堅苦しくなく縁遠い印象も薄い日本語で表せるという事実は，やはり思っている以上に理論が私たちにとって身近で幅のあるものであることを示唆している。

　理論とは，基本的にものの見方の枠組みを示した説明であり，それなりに多数の人々に支持される説得力や重要性をもっている。しかし，やはりそれぞれの理論はあくまでもひとつの見方である。つまり，ほかの見方も可能であり，この意味で理論はけっして最終結論でも完璧でもない。また，どこまで人々に支持されたら，どのくらいの範囲までそれが通用すれば，仮説ではなく理論なのかといった線引きもしばしば曖昧である。

　このような不完全さと曖昧さをもちつつも，それなりに説得力や重要性があるがゆえに共有可能である理論があることで，それぞれの理論が説明を試みている事柄に関連して，人々は議論を深めたり，自らの思考や行動をふり返ったり，生活の中で実践して検証したり修正を試みたりできるのである。つまり，理論とは，関心を同じくする人々が物事を把握したり事態を改善したりしてゆくうえで，欠かせない共通言語なのであり基盤なのである。特に死生学のように，さまざまな学問的・実践的・体験的背景をもつ人々が一堂に会し，死生の問題について論じ，合意形成を目指したり解決策を練ったりすることが求められる領域では，共通言語としての理論の重要性をしっかりと認識する必要がある。

2. 死生学で活かされている理論

(1) 死のタブー化論

　本コースでも，死生学で使われている理論がすでに複数提示されている。たとえば，「3人称の死」といったジャンケレヴィッチの死の人称

態論（第1章，第4章，第6章参照）や，死を題材にしたマスメディアと社会を分析した，ゴーラーの死のポルノグラフィー論と澤井の死のガイドライン論（第6章参照）などがそうである。ほかにも数多くの死生学関連の理論があるが，ここでは死と社会および死別悲嘆に関して不可欠と思われる理論をひとつずつとりあげる。

1つめは死のタブー化論であり，特に日本の死生学においては死の人称態論と同じく大変よく活用されている理論である。その内容は，現代社会は死をタブー視し日常から遠ざけ隠蔽した社会である，という社会観である。そしてその含意は，現代人が死に臨むための伝統的な様式を失い，死を極度に恐れるようになった原因は，この死のタブー化にあるということである。この理論は，ゴーラーの死のポルノグラフィー論によって1950年代に先鞭がつけられ，フランスの歴史学者アリエスによって表舞台に登場した。

アリエスの死のタブー化論では，近代社会における死のタブー視により医療に管理されることになった現代人の孤独な死の対極に，近代以前の共同体の日常の中での「飼いならされた死」——身近でありふれていて馴染み深くかつ和やかな死——が位置づけられている（アリエス，1983）。この理論が現在の死生学で引き合いに出される時，そこには往々にして古き良き「飼いならされた死」とそれを支える伝統的共同体の復興が含意されている。

しかし，ドイツの社会学者エリアスは『死にゆく者の孤独』（1990）の中で，アリエスの死のタブー化論をロマン主義的過ぎると批判している。エリアスによれば，近代文明化以前の中世ヨーロッパ社会では，たしかに死は身近でありふれたものではあったが，けっして「和やか」で「飼いならされた」ものではなかった。この時代，人々の日常的行動は，多分に欲望や感情どおりにふるまう部分が支配的であったため，日ごろ

から憎らしいと思っていた者が死に臨んだ時，その者を死に追いやるために暴力をふるったり，気弱になっているところに精神的に追いうちをかけたりといったことも，近現代とは比較にならないほど横行していた。つまり，中世ヨーロッパの人々は，たしかに共同体の成員に囲まれながら死んでいったのだが，いまよりも「和やか」に死んでいったわけではない，というのだ。

　アリエスの死のタブー化論に対するこうしたエリアスの批判は，一般および学術の議論において権威を獲得した理論を厳密に再考してみることの大切さと，懐古主義的なロマンティシズムに短絡しないことの重要性を示唆している。死のタブー化は，近代化・都市化による地縁共同体の解体とそれに伴う伝統的慣習の喪失をその主要な一因としているため，「昔はよかった」的な発想から地縁共同体の復活が短絡的に叫ばれる可能性は否めない。こうした懐古主義は，地縁共同体の力とされる住民をつなぐ絆を賛美しがちだが，強い絆のあるところには往々にして強い絆（束縛）もあり（大平，1995），それが個人や世帯単位のプライバシーの尊重という，現代日本の特に都市住民が志向する価値観と抵触することを見落としがちである。この問題とどう向きあうかを考えずに，古き良き共同体や文化の復活ないし再構築を叫ぶことはきわめて現実的ではない。

(2) 公認されない悲嘆論

　2つめに取り上げる理論は，公認されない悲嘆 disenfranchised grief（Doka, 2002）理論である。この理論を提唱したアメリカの老年学者ドカは，公認されない悲嘆を死別などの喪失体験者が「悲しむ権利」を認めてもらえないことにより生じるもの，と定義している（Doka, 2002, p. 5）。つまり，自分の喪失悲嘆を社会的プレッシャーで表現できなかった

り，表現できてもそれを社会から認めてもらえなかったりした時に感じる悲嘆である。

　死別などの喪失体験者による悲嘆が，その人の心理，感情，認知，身体，行動，精神（スピリチュアリティ）の各側面でどのように表出するのかを探った研究は，これまで数多くされてきた。しかし，悲嘆の社会的側面の探究は長らく手つかずであった。公認されない悲嘆論は，まさにこの社会関係への照準を死別悲嘆研究にもたらしたのである。より具体的にいえば，この理論は悲嘆に関する社会規範（社会的に適切とされる暗黙のルール）に着目し，考察することを促している。誰が，何を，いつ，どこで，どのように，どのくらい，なぜ悲しむべきかの基準は，それぞれの文化ないし社会集団によって暗に規定されている。

　たとえば，日本の会社の就業規則に，「家族を亡くした場合，1親等ならば3日間，2親等ならば2日間の忌引休暇が取得できる」とあるとする。これによれば，休む理由として適切なのは「家族」が死亡した時のみであり，たとえ家族以上に大切な存在であった友人が死亡しても，休むことは認められない。また，「家族」では「1親等」のほうが「2親等」よりも当然重要な関係とみなされ，「1親等」の喪失のほうが悲しみは深いはずだとの考え方に基づき，休暇期間がより長い（ただし，それでも4日以上は認められない）。また，3親等以上の親族やペットは，死亡時に忌引休暇が取得できる「家族」とは認められない。

　悲嘆にまつわる社会規範は，忌引に関する就業規則といったフォーマルな枠組みに限らず，インフォーマルな形でも人々の行動，感情，思考，観念などを規定する。人が，「葬儀なのに明るい色の服を着るなんておかしい，身内が亡くなったのに涙ひとつ見せないなんて冷たい人だ，ずっと納骨せずに自宅に置いておくなんてどうかしている，亡くなったお父さんが昨日の夜会いに来たなんてお母さん言って……」などと

非難したり嘆いたりすることがあるのは，自覚的であるなしにかかわらず，その社会で死別悲嘆について共有され遵守されるべき規則ないし基準が存在することを知っているからである。

公認されない悲嘆は，以下の5つのタイプに大別できる（Doka, 2002, pp. 10-17）。

① **喪失した対象との関係が公認されない**

これはすでに見たように，故人が血縁ではない場合に起きやすい。非血縁者である友人，同棲相手，離婚した元配偶者，不倫相手，同性の恋人は，彼らがどんなに故人を大切に想いその死を深く悲しんでいても，正当な悲嘆者とはなかなか認められない。

② **喪失が起こったことが公認されない**

たとえば，選択的中絶による胎児の死（自分で選んだのだから悲しくないはずだ），流産（よくあることだから次また産めばいい），四肢切断などによる身体部分の喪失（失ったのが命でなくてよかった），失職（新しい職を探せばいい）や強い愛着をもっていた物の破壊や喪失（また買えばいい），などが該当する。

③ **喪失体験者が悲嘆していることが公認されない**

幼児，精神障害者，高齢者などに対して，まだ幼くて死が理解できないはずだ，障害により死を理解できる能力がないはずだ，自分の遠くない死を意識して生きているからショックは少ないはずだ，といった社会通念によって引き起こされやすい。

④ **死亡の状況により喪失悲嘆が公認されない**

自死遺族や社会的スティグマが強い病気（HIV/AIDSなど）で身内を喪った家族などが直面しやすい。こうした状況では，自分の悲しみをなかなか口にできないうえ，周囲からは喪失悲嘆への共感以上に死の原因に対する興味や非難が感じられることが多い。

⑤ **悲嘆の感じ方や表現の仕方が公認されない**

たとえば，親と死別した男性が葬儀で泣き叫んで取り乱したり，その後何年も親の死を悲しんで涙し，思い出話を仕事仲間に対して事あるごとにし続けたりすると，同じことを女性がした場合以上に，この社会では厳しい反応が返って来る。社会通念としての「男らしさ」から外れる行為であるため，社会的に公認できない悲嘆のあり方というわけである。

以上のように，公認されない悲嘆では，すでに深い悲しみを抱えている者が，その悲しみを社会に認められないことで二重の悲嘆を抱えることになるため，悲嘆が複雑化しやすい。悲嘆が複雑化すると，日常生活が立ちゆかなくなる状態に至ることがある。これはいわゆる「複雑性悲嘆 complicated grief」と呼ばれる問題であり，カウンセリングなど臨床的な支援はもちろん重要だが，主たる原因（の少なくともひとつ）が社会のあり方にあることからすれば，悲嘆に関する社会規範を変えてゆく働きかけを続けることも不可欠である。悲嘆にまつわる問題への対処は，当事者の心理やスピリチュアリティに働きかけるだけでは不十分であり，社会のあり方に目を向け働きかけてゆくことが肝要であることを，公認されない悲嘆という理論は気づかせてくれる。

3. 死生学で活かしうる理論

（1） 環状島理論

死生学でこれまで活用されてきた理論は，死生の問題への学術的アプローチの歴史が日本よりも長く，研究や実践の蓄積も厚い欧米で生まれたものが多い。それらは日本の死生の問題にも十分に活用できることは，ここまでの話からも明白だろう。だが，日本の死生の問題に向き合

う現場から生まれた日本産の理論で，今後死生学で有効に活用されうるものはないのだろうか。

すぐに思い浮かぶのは，精神医学者・医療人類学者の宮地尚子による「環状島」理論である。この理論はドカの公認されない悲嘆理論がそうであるように，宮地の精神科医としての実践の中から生まれた。環状島理論は，トラウマそれ自体とそれにかかわる人々を理解するための理論であり，その根幹には「トラウマが語られる，もしくは表象される空間は中空構造である」（宮地，2007, p. 9）という観点がある。この「中空構造」は立体的で，〈ゼロ地点〉，〈内海〉，〈外海〉，〈内斜面〉，〈外斜面〉，〈尾根〉から成り立っている（**図15-1**）。

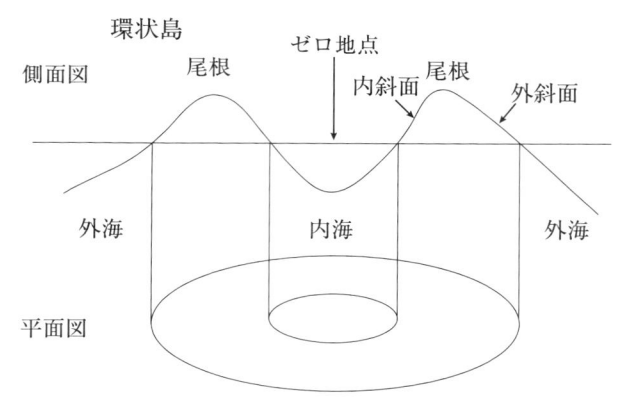

図15-1　環状島の構造と構成要素
〔出典：宮地尚子『環状島＝トラウマの地政学』（みすず書房　2007 p. 10)〕

トラウマのもととなった出来事は〈ゼロ地点〉で起こり，当事者の多くはその〈ゼロ地点〉ないしそれを中心とした〈内海〉にいる。〈内海〉にいる当事者は水面下に沈んでおり，命あるいは言葉を奪われていて語

ることができない。たとえば，原爆の被爆者は，被爆して命を失ってしまったか，生き残ったとしてもあまりに凄惨な体験だったために言葉を失ってしまい，自分の体験を語ることができない。何とか〈内海〉から〈内斜面〉に這い上がって波打ち際にたどり着いた者が，はじめて自らの体験を語れるようになる。

　〈内斜面〉を上がれば上がるほど，当事者が自らの体験を語る力（発話力）は強くなり，〈尾根〉に至ってピークに達する。いっぽう，非当事者は基本的に〈尾根〉の向こう側にある〈外斜面〉や〈外海〉にいる。当事者の問題に対して，まったく無関心であったり傍観者であったりする者は〈外海〉にいる。逆に，当事者を支援する者や関心をもつ者は〈外斜面〉にいて，コミットメントが高いほど〈尾根〉に近づく。そして，「かかわっているうちに，非当事者にまで被害が及んだり，代理外傷（二次的外傷）を負うこともあるので，当事者性を帯びるようになり，〈尾根〉より内側に行くこともある」（宮地，2007, p. 12）。

　環状島理論が優れているのは，トラウマ体験の核心に近い者ほど自らの体験を語る権利と発話力をもっているという一般的な印象に対して，実際にはあまりに核心に近い者は（〈内海〉に沈んでいて）発話力を奪われていることを環状島の比喩により，見事に明示した点にある。上記の一般的な印象をやはり島の比喩を使って表せば「円錐島」になり，そこでは〈ゼロ地点〉に近づき上に向かうほど当事者の発話力は上がり，離れて下に向かうほど発話力は下がる（宮地，2007, p. 14）。この円錐島モデルだとトラウマ体験の中心やその近辺にいた者が，なぜその体験を語らない・語れないのかがうまく説明できないばかりか，語れるはずなのに語らないと当事者を非難するのを正当化してしまう危険性さえある。

　もうひとつ環状島理論の革新的な点は，トラウマの問題を抱えた当事

者の位置だけでなく，その問題に対する多様な非当事者の位置関係も把握できることである。しかも，各々の位置や関係の変動についても，〈重力〉と〈風〉という概念で説明している。〈重力〉は「トラウマがもつ持続的な影響力，被害を受けた個人にもたらされる長期的なトラウマ反応や症状」（宮地，2007，p. 27）であり，強く働けば当事者が〈内斜面〉から〈内海〉に引きずり戻されてしまったり，非当事者が〈尾根〉を超えて〈内斜面〉に入り込んでしまったりする。また，〈風〉はトラウマをめぐる当事者および非当事者の間や周囲で「巻き起こる対人関係の混乱や葛藤などの力動」（宮地，2007，p. 28）であり，当事者と支援者との間の「転移や逆転移」をはじめ，当事者同士の症状の「重さ比べ」や支援者同士による当事者の代弁者としての正統性争いなどが，例として挙げられる。

　日常的にも交通事故，自死，殺人が少なからず起こり，また，わずか20年の間に2度の大震災やそのほか多くの災害が起こり，多くの命が奪われたと同時に，生き残った者を中心に多くの人々が，死と至近距離にあるトラウマの問題を抱えて生きているのが，現代日本の状況である。環状島理論は，この状況をダイナミックに把握し，状況改善の糸口を探り，問題解決への行動を起こしてゆくうえで，きわめて有効な理論となりえよう。

（2）　共感都市理論

　今後日本の死生学で活用しうるもうひとつの理論は，共感都市理論である。「共感都市」とは，オーストラリアの社会学者ケリヒアが唱道する"Compassionate Cities"（Kellehear, 2005）の和訳だが，"compassion"は語源的には「共苦」といった意味あいが強いことと，"cities"は厳密に「都市」を指しているわけではなく「コミュニティ」と置き換え可能

であるため，「苦しみをともにするコミュニティ」とも訳せる。現にケリヒアは，同じコミュニティに住む人々の苦境や悲しみに共感することは，コミュニティの成員全員が健やかに生きるために欠かせない倫理であると考えていて，この意味での「共感都市」の開発（まちづくり）の必要性を主張している。

　地域住民が地域で健康に生きてゆくのを支援する環境づくりは，日本でもすでに国や地方自治体による健康増進(ヘルスプロモーション)活動の推進によって，少なからず進められている。世界的にも「健康都市 Healthy Cities」運動と呼ばれる動きがあり，その加盟都市では，都市の物理的・社会的環境を改善することで地域住民同士の交流と相互扶助を促し，彼らが心身ともに健康に生活してゆくことを実現すべく，都市のもつあらゆる資源を活用し，発展させてゆくようなまちづくりが目指されている。そしてそれが実現すると，住民に対して医療サービスへの容易なアクセスが提供されるばかりでなく，彼らが活発に交流しながら多様な経験を積める機会が数多く提供され，さらに住民の地域行政への参画が活発化して，互助的でまとまりのある平等主義的なコミュニティになるという。

　であるならば，健康増進を基盤とする「健康都市」の理論と実践だけで十分に思われるが，「健康都市」では誰もが体験する死や死別は視野に入っておらず，人々が健康的に死に向かって生ききれる，健康を損なわずに大切な人を看取(みと)れる，そして愛する人との死別を健康体のままで存分に悲しめる環境の整備について何も考えられていない。終末期の患者，その介護者，そして遺族などの死別者の健康を十分に保持・増進できずに，総合的な「健康都市」の実現など不可能である。だからこそ，「健康都市」だけでは不十分であり，同じく健康増進的なアプローチをベースにした「共感都市」の理論が必要だということになる。

　ケリヒアのいう「共感（共苦）」は，個々人のレベルで完結する単な

る気持ちではなく，苦しんでいる同じコミュニティの住民に対して，その人が健康を取り戻せるよう支援的な行動を起こす原動力および指針としての倫理に位置づけられている。しかし，科学哲学者の広井良典も分析しているように，現代日本の特に都市の状況を考えると，少なからぬ人々が，「同じコミュニティの住民」をほとんどあるいはあまり知らないだろうし，ともに同じコミュニティを支えているという意識も皆無ないし稀薄であるのが現状だろう。

> 戦後の日本社会において，農村から都市に移った人々は，カイシャと核家族という"都市の中の農村（ムラ社会）"を作っていった。そこではカイシャや家族といったものが"閉じた集団"になり，それを超えたつながりはきわめて稀薄になっていった。そしてさらに，そうしたムラ社会の「単位」が個人にまでいわば"縮小"し，人と人との間の孤立度が極限まで高まっているのが現在の日本社会ではないだろうか。（広井・小林，2010, p. 82）

孤立した都市住民であっても，「人が健康を取り戻せるよう支援的な行動を起こす原動力および指針としての倫理」をもち，実際に行動を起こせる人々が多数いることは，東日本大震災における被災地支援の参加者を見ても明白である。問題はむしろ自分と「同じコミュニティの住民」に対してという点と，その居住コミュニティにおいて日常的に必要に応じて支援を展開できるかという点である。もちろん非都市部のコミュニティに目を向けると，これらの点ができるかどうかは問題ではなく，義務として実践されている所もある。たとえば，町内会がしっかりと機能している地域では，ある家で人が亡くなると，同じ町内会の成員がほぼ葬儀一切を取り仕切って実施したりする。（ただし，これが故人

の死を悼む者たちが，健康体のまま存分に悲しむことを自動的に保障するわけではない。）

　共感都市理論をもとにコミュニティ開発を構想し，自分の住む地域を実際に共感都市化するには，死や死別を視野に収めた健康増進的アプローチと共感の倫理を基盤に，コミュニティの性質の把握，扱うコミュニティの大きさ（単位）の決定，コミュニティ開発に使えそうなすでに地域にある物理的・人的資源の把握，巻き込める一般市民やボランティア，専門家（保健・医療・福祉従事者，法律家，警察・消防，学校・学術関係者など），民間組織（企業やNPOなど），公的機関（自治体や政府機関など）の選定と実際の働きかけおよび巻き込みなどを，戦略的に実施してゆく必要がある。

　ケリヒアは，どのように地域の物理的・人的資源を動員し，共感都市的なコミュニティ開発ができるのかについて，25もの具体例を提示している（Kellehear, 2005, pp. 137-156）。それらはいずれも西洋社会での経験や実績をもとにしたものだが，日本社会においても実現可能と思われるものも少なからずある。人々が健康的に逝ける，看取れる，悲しめるコミュニティの実現に向けて，共感都市理論はひとつの役割を果たしうると思われる。

4．日本の死生学の展望

　本章で照準したものを含む多様な理論を活かしつつ，日本の死生学はこれからいかに展開してゆくのだろうか——この点について最後に簡潔に論じておきたい。当然ながら，日本の死生学の発展の方向性は，日本社会が今後直面する死生の問題に対する具体的な要望に応えてゆくことで，基本的に定まってゆくはずである。そしてその大まかな方向性は，

15回にわたって本コースで注目した諸々(もろもろ)のテーマによりすでにある程度示されている。

しかし，日本の死生学は，いまだ核・原子力の問題に十分に取り組んでいるとはいえず，このテーマについてより積極的に議論・研究・教育を蓄積してゆき，日本および世界に有用な知見や洞察を提供してゆくことが期待される。これが特に日本の死生学に期待されるのは，日本は世界で唯一，不幸にも多くの人々を物理的・心理的・精神的・社会的な死に追いやった，核兵器および原子力発電所の事故による被曝(ひばく)を両方（しかも複数回）経験している国だからである。

死生学の徒は，自分が生きる現代社会における死にまつわる問題を直視し，自らの生，そしてそれを取り巻く社会における生のあり方を捉(とら)えなおすべく，実践的，学際的，かつ実存的にその解明や考察に取り組むことを要請される。であるならば，日本の死生学が，特に日本に生きる人々にとって歴史的かつ現在進行形の問題である核・原子力の問題に，海外の死生学以上に力を入れて取り組むのは必然でなければならない。たしかに死生の問題はほかにも山積しているが，世界も視野に入れて日本の死生学が特に貢献できることを考える時，その展望からやはり核・原子力問題への取り組みは外せないように思われる。

学習のヒント

1. 公認されない悲嘆の5つのタイプをふり返り，それぞれについて自分なりに具体例を考えてみよう。
2. 自分が住んでいるコミュニティの共感都市化を目指すとすれば，どのような物理的・人的資源が活用できるか調べて検討してみよう。
3. 死生学で核・原子力の問題を取り上げるとすれば，どのようなテーマ設定が可能か考えてみよう。（例：平和，テロリズム，エネルギー，環境，故郷喪失など）

参考文献

アリエス，P.（伊藤晃・成瀬駒男訳）『死と歴史』（みすず書房　1983）
エリアス，N.（中居実訳）『死にゆく者の孤独』（法政大学出版局　1990）
大平健『やさしさの精神病理』（岩波書店　1995）
広井良典・小林正弥編『持続可能な福祉社会へ』（勁草書房　2010）
宮地尚子『環状島＝トラウマの地政学』（みすず書房　2007）
Doka, K.J. ed. Disenfranchised Grief. Research Press, 2002
Kellehear, A. Compassionate Cities. Routledge, 2005

索引

●配列は五十音順，＊は人名，『　　』は作品名を示す。

●あ　行

悪性リンパ腫　154
アドバンス・ディレクティブ　139
粗死亡率　76
アリエス＊　241
アルコール依存　213
アルフォンス・デーケン＊　55
アンチエイジング　128
安楽死　224, 230
安楽死のガイドライン　226
イースター　28
イエス＊　27
医学モデル　207
怒り　190, 218
生きる意味　102
『生きる力の源に—がん闘病記の社会学』　111
イザナギノミコト　34
イザナミノミコト　34
意思　233
意思決定　125
医師によってもたらされた死　225
医師による自殺幇助　225, 230
意思の確認　234
意思表示　139
意思表示カード　199
異状死　11
イスラム教　27
遺族　170, 172
遺族ケア　14, 19
1・2・3人称の死　69
1人称の死　13, 92
一般論としてのエビデンス　110
いとうせいこう＊　71

意図的サンプリング　117
井上雄彦＊　95
いのちの教育　16
位牌　44
医療関係者　172
医療者教育　121
医療父権主義　183
医療倫理　15
胃ろう　138, 199
因果応報　30, 44
因果関係　109
インターネット　110
引導渡し　67
インフォームド・コンセント　57, 138, 175, 180, 182, 185
ヴァルハラ　26
ウォーデン＊　161
うつ病　213, 228, 234
姥捨て　125
生まれかわり　32
盂蘭盆会　32
疫学研究　109
エドウィン・シュナイドマン＊　192
エリアス＊　241
エンディングノート　58
老い　124
老いの在り方　130
老いのイメージ　126
『おくりびと』　58
お年寄り　127
オランダ　225
折口信夫＊　51
オリュンポス　26

●か　行
介護　133, 236
介護者負担　81
介護老人福祉施設　80
介護老人保健施設　79
外傷後ストレス障害　166
外傷後ストレス症候群　70
改善の見込み　227
回想療法　200
飼いならされた死　241
回復　111
回復モデル　165
カウンセリング　196
化学療法　196
核・原子力　252
『風立ちぬ』　73
火葬　31, 67
課題モデル　161
加藤咄堂*　17, 50
門林道子*　111
悲しむ権利　242
鎌倉新仏教　44
河合隼雄*　53
がん　78, 147, 185
簡易生命表平均寿命　75
がん患者の悩み　115
がん患者の悩みに関する静岡分類　115
環境　110
がん再発者　155
患者　172
患者体験　116
患者の価値観　110
環状島理論　245
がん対策　147
がん対策基本法　115
がんノイローゼ　113

がんの告知　55
がんの社会学　115
緩和医療　15
緩和ケア　19, 189, 193
緩和ケア病棟　198
忌　70
忌明け　67
危機対応　207
『聞けわだつみの声』　52
『傷ついた物語の語り手』　111
絆の回復　221
基礎死生学　20
忌引　243
逆転移　248
キューブラー・ロス*　161, 190
共感都市理論　248
ギリシア神話　26
キリスト*　27
キリスト教　27, 48
苦痛　227
国生み　35
グリーフ・カウンセラー　14
グリーフ・ケア　168
グリーフ・ワーク　160
クリスマス　28
穢れ　35
穢れたもの　70
激甚災害　70, 87
解脱　30
ケリヒア*　248
ケルト文化　26
顕界　64
健康寿命　75
健康増進　249
健康都市　249
健康と病いの語りディペックス・ジャパン

117
原罪　27
献体　199
原爆　247
公的な死　10
高度経済成長　53
公認されない悲嘆論　242
合力　67
高齢化社会　126
高齢者　127, 135
高齢社会白書　80, 83
高齢者施設　79
高齢者対策　127
高齢者の死因　137
高齢者向けのケア付き住宅　80
ゴータマ・シッダールタ*　30
ゴーラー*　91, 241
告知　112
告別式　67, 68
国民生活基礎調査　76
極楽　26, 33
故人　172
『古事記』　34
誤診　232
国家神道　52
コペルニクス的転回　102
コミュニティ　248
固有信仰　45, 51
孤立　211, 250
孤立感　217
孤立死　83
根拠に基づく医療　109
混沌　111

● さ　行
災害　85

『最後の審判』　28
最終的な判断　235
再生医療　15
在宅医　82
在宅死　81
再臨　28
サクセスフル・エイジング　129
サクセスフル・ダイイング　131
殺人　21
サナトロジー　16
サバイバーズ・ギルト　87
差別　125
サポート　215
散骨　38
3人称の死　13, 92, 240
死因　78
志賀直哉*　51
四苦　30
死刑　21
事故傾性　216
地獄　26, 33
自己決定権　177
事後対応　207
自殺　14, 78, 205
自殺総合対策大綱　209
自殺対策基本法　209
自殺の危険因子　212
自殺未遂　212
自殺予防　39, 207
自殺率　39, 57
自死遺族　167
シシリー・ソンダース*　198
死者の国　26
四十九日　68
死生学　16, 18, 50, 240, 245, 251
死生観　17, 50

『死生観』　17, 50
自然災害　42, 86
事前指示　139
自然宗教　33
事前予防　207
十戒　29
疾患　142
失業率　57
実存（生きる意味・生きがい）　115
質的研究手法　117
私的な死　10
死にがい付与システム　17
死装束　67
死に向かう態度　135
『死にゆく者の孤独』　241
死ぬ覚悟　135
死ぬ権利　223
死の恐れ　127
死のガイドライン　92, 241
死の囲い込み　12
死の形態　132
死の準備教育　16
死のタブー化論　240
死の文脈　168
死のポルノグラフィー　91, 241
自発性　184
慈悲殺　225
死別　159, 172
死別悲嘆　12, 14
死への準備教育　55
死亡診断書　11
死亡数　77
死亡届　11
死亡の確認　67
死亡場所　137
死亡率　77

島薗進*　93
釈迦*　30, 32
社会規範　243
社会的資源　111
捨身飼虎　32
ジャンケレヴィッチ*　10, 69, 240
自由意思　181
宗教　23
周産期医療　19
終末期医療　15, 19
終末期医療に関する調査　80
儒教　45
朱子学　45
出棺　67
シュット*　165
樹木葬　38
受容　191
ジョアン・エリクソン*　134
消極的安楽死　224
衝撃　112
焼香　67
精進落とし　70
象徴的不死性　64
常民　51
諸行無常　30, 44
初七日　68
諸法無我　30
ジョン・ロー*　129
自力本願　44
人為災害　86
人口動態統計　79
新生在宅医療・介護元年　80
心臓病　78
人体実験　177
心的外傷　87, 165
神道　33

心肺蘇生　90
神仏習合　33, 44
心理的視野狭窄　218
心理療法　221
スティグマ　244
ストラウス*　143
ストレス　149
ストレス関連成長　151
ストレス対処能力　150
ストレッサー　149
ストローブ*　165
スピリチュアリティ　17, 57
生活の質　75, 190, 227
生死学　50
生殖医療　19
精神疾患　153, 213, 234
生と死の教育　16
聖なるもの　70
生物・心理・社会モデル　115
生命倫理　15, 39
世界保健機構　189, 214
世界保健統計　77
世俗的ヒューマニスト　37
積極的安楽死　224
切腹　47
セルフマネジメント　149
『戦艦大和ノ最期』　54
全人的医療モデル　115
戦争　21
戦争体験　54
先天性心疾患　148
全能の幻想　219
『千の風になって』　58
葬儀　37, 67
臓器移植　56
臓器提供意思表示カード　199

葬儀屋　67
相互扶助　249
葬式　67
喪失体験　54, 215
喪失の悲しみ　168
葬送　11
『想像ラジオ』　71
想像力　72
躁的防衛　54
葬列　67
副田義也*　64
ソーシャル・キャピタル　85
その人らしさ　139
尊厳死　137, 224

●た　行
ターミナル・ケア　189
大震災　248
第二次世界大戦　53, 179
台風一過　42
他界　25
他界観　21
多神教　34
達観　112
他力本願　44
段階説　160
団塊の世代　54
探求　111
単独死　84
治安維持法　51
地域包括ケア元年　80
地域モデル　207
チームアプローチ　196
治癒　236
中絶　244
超高齢社会　21, 56

治療の原則　221
鎮魂　72
鎮守の杜　34
追悼　66, 70
終の場　79
通夜　67
ディペックス　116
ディペックス・ジャパン　118
デーケンの12段階　161
適応拡大の危険　233
デス・エデュケーション　16
デス・スタディーズ　16
寺送り　68
転移　248
天国　26
統計的手法　109
統合失調症　213
疼痛　193
闘病記　111
闘病記研究会　114
ドカ*　242
読経　67
特殊災害　86
特別養護老人ホーム　80
常世の国信仰　25
土葬　67
ドナーカード　56
弔い上げ　67
トラウマ　71, 87, 165, 246
取り引き　191

●な　行
名古屋高等裁判所　231
ナチス　177
731部隊　179
ナラティブ　110

ナラティブ教育　122
『楢山節考』　125
新嘗祭　34
ニーメアー*　163
2重過程モデル　165
新渡戸稲造*　45
2人称の死　13, 92
日本人の死生観　41
『日本人の死生観』　48
『日本人の死生観を読む』　93
乳がん患者　154
乳児死亡率　77
ニュルンベルク綱領　179
ニライカナイ　25
認知症　133
ネガティブな認知　146
涅槃　30
年忌供養　68
年齢調整死亡率　76
納棺　67
脳死　56
脳卒中　78
遺される人々の心理　202
『野火』　54
野辺送り　12, 67

●は　行
パーソナリティ障害　214
ハーバート・ヘンディン*　229
肺炎　78
『葉隠』　45
墓直し　68
『バガボンド』　95
パターナリズム　177
『葉っぱのフレディ』　58
初詣　34

バブル崩壊　57
バラモン教　30
半構造化インタビュー　117
犯罪被害者の遺族　168
阪神・淡路大震災　58, 70
判断能力　184, 227
東日本大震災　39, 58, 70, 152
彼岸　44
悲嘆　160
悲嘆支援　169
否認　53, 186, 190
日野原重明*　131
被曝　252
ヒポクラテス*　177
ヒポクラテスの誓い　176
碑文谷創*　68, 84
病名告知　150
ピンピンコロリ　129
フィンランド　208
深沢七郎*　125
服　70
複雑性悲嘆　166, 245
副作用　183
武士道　45, 95
『武士道』　45
藤本大三郎*　133
藤原道長*　43
補陀落渡海　26
復活　28
仏教　30, 43
プライバシーの保護　183
フランク*　111
フランクル*　102
不慮の事故　78
平均寿命　75
平均余命　75

『平家物語』　44
ヘルシンキ宣言　181
『ベルツの日記』　43
放射線療法　197
『方丈記』　43
葬る　69
訪問看護師　82
北欧神話　26
ホスピス　55, 198
ホスピスケア　29, 38
堀辰雄*　73
盆　31, 44
本地垂迹説　44
煩悩　30

● ま　行
埋葬　37
枕団子　67
枕直し　67
枕飯　67
マスメディア　89
末期の水　67
末法思想　43
魔除けの刃物　67
慢性疾患　143
慢性の病い　143
禊ぎ　35
看取り　38, 80
看取りに関する手引き　82
宮地尚子*　247
『宮本武蔵』　95
無価値　218
ムスリム　27
ムハンマド*　27
無力感　65
メディア・リテラシー　107

喪　66, 70
物語り　110
物語りに基づく医療　110
森鷗外*　134

●や 行
薬害HIV感染者　154
薬物療法　221
柳田国男*　45, 51
病い経験　143
山内事件　231
山形県村山保健所　82
山本常智*　46
病みの軌跡　144
幽界　64
湯灌　67
逝き方　129
豊かな老い　129
豊かな死　131
ユダヤ教　27
ユダヤ人　178
ユング*　135
抑うつ　191
吉川英治*　95
黄泉の国　35

●ら 行
ライフサイクル　69, 134, 159, 209
リスボン宣言　138
リビング・ウィル　139, 197, 223
流産　244
臨終　67
臨床家の経験　110
臨床研究　179
臨床試験　179
臨床死生学　19

臨床倫理　15
リンデマン*　160
輪廻転生　30
霊柩車　67
霊魂　64
レクイエム　73
レジリエンス　170
老人ホーム　79
老衰　133
老年学　21
ロバート・カーン*　129

●アルファベット
accidental death　167
active euthanasia　224
advance directive　139
adversarial growth　152
autonomy　177
benefit-finding　152
Bio-Psycho-Social model　115
clinical　20
complicated grief　245
death education　16
death studies　16
depression　59
dignified death　224
DIPEx　116
disease　142
E. エリクソン*　134
EBM　109
ER救急救命室　90
Ethical/Existential　115
euthanasia　224
gerontology　21
GHQ改革　53
Healthtalkonline　117

Healthy Cities　249
HIV 感染症　148
HIV 陽性者　152
homicidal death　167
illness　142
informed consent　182
iPS 細胞　15
life review therapy　200
living will　139, 197, 223
medical paternalism　183
mercy killing　225
narrative-based medicine（NBM）　110
natural death　167
palliative care　189
passive euthanasia　224
paternalism　177
physician-assisted death　225
physician-assisted suicide　225
piece　62
post-traumatic growth　152

presence　170
PTSD　70, 87, 165
QOL　190, 196, 227
recollection　62
secular humanist　37
sence of coherence　150
sickness　142
SOC　150
spirituality　57
stress-related growth　152
Successful Dying　131
suicidal death　167
TALK の原則　220
terminal care　189
thanatology　16, 50
trauma　71
violent death　166, 167
WHO　77, 189, 214
Youthhealthtalk　117

分担執筆者紹介

(執筆の章順)

山崎　浩司 (やまざき・ひろし)　・執筆章→ 1・6・15

1970年	米国 Washington D.C.に生まれる
2006年	京都大学大学院人間・環境学研究科修了
現在	東京大学特任講師を経て，信州大学准教授。
	博士（人間・環境学）
専攻	死生学，医療社会学，質的研究
主な著書	テキスト臨床死生学（共著　勁草書房）
	ケア従事者のための死生学（共著　ヌーヴェルヒロカワ）
	人生の終わりをしなやかに（共著　三省堂）
	死別の悲しみに学ぶ（共著　聖学院大学出版会）
	生と死のケアを考える（共著　法藏館）
	現代社会学事典（共著　弘文堂）
	よくわかる医療社会学（共著　ミネルヴァ書房）
	薬学生・薬剤師のためのヒューマニズム（共著　羊土社）

中山　健夫（なかやま・たけお）・執筆章→4・5・7

1961年	東京都に生まれる
1987年	東京医科歯科大学医学部卒業
現在	京都大学大学院医学研究科社会健康医学系専攻健康情報学分野教授
専攻	健康情報学，疫学，公衆衛生学
主な著書	EBMを用いた診療ガイドライン：作成・活用ガイド（金原出版）
	健康・医療の情報を読み解く：健康情報学への招待（丸善出版）
	臨床研究と疫学研究のための国際ルール集（編著　ライフサイエンス出版）
	京大医学部の最先端授業：「合理的思考」の教科書（すばる舎）

井出　　訓（いで・さとし）

・執筆章→8

1963年	埼玉県に生まれる
1996年	米国オハイオ州ケース・ウェスタン・リザーブ大学看護学大学院修了
現在	北海道医療大学看護福祉学部講師，准教授，教授を経て，放送大学教授
	博士（看護学）
専攻	老年看護学
主な著書	系統看護学講座専門分野2：老年看護学（共著　医学書院）
	生活機能から見た老年看護過程＋病態・生活機能関連図（編集・共著　医学書院）
	認知症の人のサポートブック（共著　中央法規出版）
	介護者のための認知症スタディ・ガイド（監訳　ワールドプランニング）
	アルツハイマーのための新しいケア（共訳　誠心書房）
	老年看護学（共著　放送大学教育振興会）

井上　洋士（いのうえ・ようじ）　・執筆章→9・10

1961年	東京都に生まれる
2004年	東京大学大学院医学系研究科博士課程修了
	博士（保健学）　看護師　保健師
現在	千葉大学看護学部助手，三重県立看護大学看護学部助教授等を経て，2008年放送大学准教授，2010年放送大学教授
専攻	健康社会学，慢性看護学
主な著書	HIV感染被害者の生存・生活・人生（共著　有信堂高文社）
	薬害HIV感染被害者遺族の人生―当事者参加型リサーチから（共編著　東京大学出版会）
	健康被害を生きる―薬害HIVサバイバーとその家族の20年（共編著　勁草書房）
	239人のHIV陽性者が体験した検査と告知（編集　NPOぷれいす東京・NPO日本HIV陽性者ネットワーク・ジャンプラス）
	新・介護福祉士養成講座13　障害の理解（共著　中央法規出版）
	スタンダード微生物学（共著　文光堂）
	健康と社会（'11）（共編著　放送大学振興会）
	ヘルスリサーチの方法論（'13）（共編著　放送大学振興会）
	成人看護学（'14）（共編著　放送大学振興会）

高橋　祥友（たかはし・よしとも）　・執筆章→11・12・13・14

1953年　東京都に生まれる
1979年　金沢大学医学部医学科卒業
現在　　筑波大学医学医療系教授（災害・地域精神医学）
主な著書　自殺予防（岩波新書）
　　　　　群発自殺（中公新書）
　　　　　自殺の危険（金剛出版）
　　　　　青少年のための自殺予防マニュアル（金剛出版）
　　　　　医療者が知っておきたい自殺のリスクマネジメント（医学書院）
　　　　　自殺のポストベンション（医学書院）他

編著者紹介

石丸　昌彦（いしまる・まさひこ）　・執筆章→2・3

1957年	愛媛県出身
1979年	東京大学法学部卒業
1986年	東京医科歯科大学卒業
	東京医科歯科大学難治疾患研究所講師，桜美林大学助教授・教授を歴任
現在	放送大学教授，精神科医
専攻	精神医学，精神保健学
主な著書	統合失調症とそのケア（キリスト新聞社）
	精神医学特論（共著　放送大学教育振興会）
	今日のメンタルヘルス（共著　放送大学教育振興会）
	パラダイム・ロスト　心のスティグマ克服，その理論と実践（共訳　中央法規出版）
	健康への歩みを支える～家族・薬・医者の役割（キリスト新聞社）

放送大学教材　1847481-1-1411（ラジオ）

死生学入門

発　行　　2014年3月20日　第1刷
　　　　　　2017年1月20日　第4刷
編著者　　石丸昌彦
発行所　　一般財団法人　放送大学教育振興会
　　　　　　〒105-0001　東京都港区虎ノ門1-14-1　郵政福祉琴平ビル
　　　　　　電話　03（3502）2750

市販用は放送大学教材と同じ内容です。定価はカバーに表示してあります。
落丁本・乱丁本はお取り替えいたします。

Printed in Japan　ISBN978-4-595-31483-4　C1347